# गीतेश शर्मा

**जन्म** : 1932, बिहार।

पिता ने तरुणावस्था में पढ़ाई छुड़वाकर पुरोहिताई के पुश्तैनी धंधे में लगा दिया। चार वर्ष तक पुरोहिताई की। अंततः परिवार, धर्म, भगवान से बगावत कर 1950 में कलकत्ता आ गए।

1951 में दैनिक विश्वमित्र से पत्रकारिता की शुरुआत।

**प्रमुख कृतियाँ** : *जननायक हो चि मिन्ह और भारत, धर्म के नाम पर, विकृत समाज, पंजाब : सुलगता सवाल, सांप्रदायिकता एवं सांप्रदायिक दंगे, विद्रोही कवि नज़रुल इसलाम : धर्मनिरपेक्षता के मायने, टैगोर : एक दूसरा पक्ष, अभिव्यक्ति की स्वतंत्रता, नागार्जुन और कलकत्ता, धर्म एवं सामाजिक न्याय, ट्रेसेज ऑफ इंडियन कल्चर इन वियतनाम* (अंग्रेजी), *इंडिया वियतनाम रिलेशंस : फर्स्ट टु ट्वेंटी फर्स्ट सेंचुरी* (अंग्रेजी)—दोनों पुस्तकों का वियतनामी भाषा में अनुवाद, *दा नांग : द सिटी ऑफ वंडर्स* (अंग्रेजी), स्वीडिश लेखक टामस एंडरसन तथा कवयित्री कुसुम जैन के साथ संयुक्त लेखन—डबल फैंटेसी—जिसका 'डुबला बार्लडर' शीर्षक से स्वीडिश भाषा में अनुवाद आदि।

**संपादित कृतियाँ** : *राहुल मंथन एवं चिंतन, महानगर कलकत्ता-1978,* दो हिंदुस्तान, *युवा पीढ़ी : दृष्टि व दिशा, बाबा नागार्जुन और कलकत्ता।*

भारत के अलावा एशिया, यूरोप, अमरीकी महादेश के कई देशों की यात्रा तथा विभिन्न राष्ट्रीय अंतरराष्ट्रीय सम्मेलनों-गोष्ठियों में भागीदारी।

सदियों से चले आ रहे भारत-वियतनाम के सौहार्द्रपूर्ण मैत्री-संबंधों को और मजबूत तथा विस्तारित करने की दिशा में विगत चार-पाँच दशकों से सक्रिय भूमिका निभाते रहे हैं। 1982 से 2013 तक वियतनाम सरकार तथा अन्य संगठनों के आमंत्रण पर 17 बार उत्तर से दक्षिण वियतनाम के विभिन्न शहरों व ग्रामीण अंचलों का भ्रमण।

सातवें दशक में वियतनाम-मुक्तियुद्ध के समर्थन में आयोजित आंदोलनों-प्रदर्शनों में भाग लिया।

शोधपरक तीन पुस्तकों के अलावा दर्जनों सेमिनार व वर्कशाप में शोध-पत्र पढ़े।

हिंदी साहित्य सम्मेलन प्रयाग, बिहार राजभाषा विभाग, नज़रुल इंस्टीट्यूट ढाका, उत्तरापथ, गोथेन बर्ग, स्वीडन, वियतनाम लेखक संघ व बुल्गारिया सरकार, रायल इंस्टीट्यूट थाइलैंड द्वारा सम्मानित।

**सम्प्रति** : प्रधान संपादक—'जनसंसार'।

**सम्पर्क** : geetesh32@gmail.com
**मो.** : 91-9830682907

# भारतीय संस्कृति और हिन्दुत्व

गीतेश शर्मा

राजकमल पेपरबैक्स

राजकमल पेपरबैक्स में
**पहला संस्करण :** 2017



**राजकमल पेपरबैक्स :** उत्कृष्ट साहित्य के जनसुलभ संस्करण

राजकमल प्रकाशन प्रा. लि.
1-बी, नेताजी सुभाष मार्ग, दरियागंज
नई दिल्ली-110 002
द्वारा प्रकाशित

**शाखाएँ :** अशोक राजपथ, साइंस कॉलेज के सामने, पटना-800 006
पहली मंजिल, दरबारी बिल्डिंग, महात्मा गांधी मार्ग, इलाहाबाद-211 001
36 ए, शेक्सपियर सरणी, कोलकाता-700 017

वेबसाइट : www.rajkamalprakashan.com
ई-मेल : info@rajkamalprakashan.com

बी.के. ऑफसेट
नवीन शाहदरा, दिल्ली-110 032
द्वारा मुद्रित

**मूल्य :** ₹ 150

BHARATIYA SANSKRITI AUR HINDUTVA
*by* Geetesh Sharma

ISBN : 978-81-267-3011-7

# एक निवेदन

मेरे अवसान काल में (82 वर्ष) मेरे लेखों का संकलन आप पाठकों के लिए प्रस्तुत है। आपसे मेरा अनुरोध है कि असहमति के बावजूद इसे जरूर पढ़ें। सहमति या असहमति मेरे विचारों को लेकर हो सकती है, पर इनमें दिये गए तथ्य प्रामाणिक हैं।

प्रत्येक लेख अपने-आपमें स्वतंत्र है। जान-बूझकर सम्पादन नहीं किया, इसलिए पुनरावृत्ति की गुंजाइश रह गई है।

ये लेख 70 वर्ष (मुझे 12 वर्ष की उम्र से पढ़ने का नशा हो गया था) के मेरे पठन-पाठन और अनुभवों पर आधारित हैं। मेरा उद्‌देश्य किसी पर कीचड़ उछालना या किसी को नीचा दिखाना नहीं बल्कि तथ्यात्मक विवेकपरक चिन्तन से रू-ब-रू कराना है।

एक और अनुरोध। पूरी पुस्तक पढ़कर ही पाठक किसी निर्णय पर पहुँचें।

लेखक, नाट्य-समीक्षक प्रेम कपूर एवं कवि-लेखिका कुसुम जैन का आभारी हूँ जिनके सहयोग के बिना यह सम्भव नहीं हो पाता।

अन्तिम बात। अगर कोई धर्मग्रन्थ नास्तिकों को नरकगामी होने का फतवा दे सकता है तो क्या नास्तिक को यह अधिकार नहीं कि वह कह सके कि यह सब बकवास है? ऐसा कहने से अगर किसी की धार्मिक भावना आहत होती है तो मेरी भी तो कोई भावना है, जो नरकगामी श्राप से आहत होती है। क्या आहत होने पर उनका ही एकाधिकार है? बस, इतना ही।

**—गीतेश शर्मा**

# अनुक्रम

# भारतीय संस्कृति और हिन्दुत्व

भारतीय संस्कृति पर चर्चा करने से पहले कुछ बातें स्पष्ट करना जरूरी है। पहली बात तो यह कि कोई भी संस्कृति एक सम्पूर्ण जीवन-शैली होती है जिसमें सोच, चिन्तन, साहित्य, संगीत, कला, पहनावा, खान-पान, भाषा, बोली, सामाजिक-पारिवारिक रिश्ते आदि सभी कुछ समाहित हैं। धर्म भी इस दायरे से बाहर नहीं होता। मनुष्य मानसिक रूप से जब विकसित हुआ तो उसने धर्म और ईश्वर की संरचना की। इसलिए ज्यादा शोध की आवश्यकता नहीं है। सुदूर पहाड़ियों-जंगलों में रह रहे आदिवासी, विशेषकर अंडमान-निकोबार द्वीप-समूह के आदिवासियों की जीवन-शैली पर दृष्टि डालें तो बात साफ हो जाएगी। हिन्दू धर्म समेत किसी भी धर्म से इन आदिवासियों का दूर का भी रिश्ता नजर नहीं आता।

दूसरी बात यह है कि भारतीय संस्कृति को लेकर गम्भीरता से शोध-कार्य ही बहुत कम हुए हैं। कड़वी सच्चाई यह है कि ये शोध-कार्य भारतीयों ने कम, विदेशियों ने ज्यादा किए हैं। वाराणसी में पहले संस्कृत कॉलेज की स्थापना अंग्रेजों ने की। दूसरा कॉलेज उन्होंने कलकत्ता में स्थापित किया। पहली बार संस्कृत से विभिन्न भाषाओं में अनुवाद की शुरुआत भी उन्होंने की और संस्कृत में लिखी सामग्री को आम आदमी तक पहुँचाया। दुर्लभ पांडुलिपियों और ग्रन्थों को संगृहित करने तथा शोधार्थियों और आम पाठकों को सुव्यवस्थित तरीके से उन्हें उपलब्ध कराने के उद्देश्य से विलियम जोन्स (1746-1794) ने सन् 1784 में एशियाटिक सोसायटी की कलकत्ता में स्थापना की।

यही नहीं, हमारे देश के अज्ञात-अल्पज्ञात प्राचीन इतिहास के अनुसन्धान के लिए पुरातात्त्विक विभाग की स्थापना भी अंग्रेजों ने की। अंग्रेज पुरातत्त्वविदों ने सुदूर जंगलों-पहाड़ियों के उन अंचलों में जाकर उत्खनन किया जो मनुष्य की सहज पहुँच से बाहर थे। उन्होंने वहाँ से एकत्रित सामग्रियों से संग्रहालय

की स्थापना की। मोहेनजोदड़ो से लेकर आधुनिक काल तक की सभ्यता से क्या हम परिचित हो पाते, यदि संग्रहालय न होते? इसका तात्पर्य यह कतई नहीं कि सब कुछ विदेशियों ने किया। कहने का तात्पर्य सिर्फ यह है कि शुरुआत उन्होंने की, फिर उस शुरुआत को आगे बढ़ाने और विकसित करने में भारतीय विद्वानों का अप्रतिम योगदान रहा।

तीसरी बात यह है कि जिस हिन्दू-संस्कृति का डंका इन दिनों पीटा जा रहा है, वह 'हिन्दू' शब्द विदेशियों की देन है। किसी भी प्राचीन ग्रन्थ में इस शब्द का कहीं कोई उल्लेख नहीं मिलता। ईरान के लोग चूँकि 'स' का उच्चारण नहीं कर पाते थे इसलिए वे सिन्धु नदी को हिन्दू नदी और उसके दक्षिणी भूभाग में रहनेवालों को हिन्दू कहते थे। कालान्तर में भारत के कुछ पंडितों ने सनातन धर्म को हिन्दू धर्म और उसके अनुयायियों को हिन्दू कहना शुरू किया, जो सनातन या आर्य शब्द का पर्याय बन गया जिस पर हम गर्व करते हैं।

अब आइए, भारतीय संस्कृति की चर्चा की जाए। दरअसल यह संस्कृति अत्यन्त विराट, बहुआयामी, बहुरंगी और प्रवहमान है। लेकिन इसके साथ ही यह प्रवाहहीन और असहिष्णुता के साथ अतिरेक की हद तक सहिष्णु भी रही है।

इसके प्रारम्भ के समय को लेकर विद्वानों में मतैक्य नहीं है। कुछ लोग हैं जो भारतीय संस्कृति का प्रारम्भ वैदिक युग से मानते हैं। इसके पूर्व-काल को या तो वे स्वीकार नहीं करते, या जानबूझकर या अज्ञानवश मोहेनजोदड़ो काल को वैदिक काल में समाहित कर देते हैं। हालाँकि तथ्य यह है कि उत्खनन से मोहेनजोदड़ो-काल की जो भी सामग्री प्राप्त हुई है, उसका ऋग्वेद में प्रत्यक्ष या परोक्ष, किसी प्रकार का कोई उल्लेख नहीं है। न ही उस काल की लिपि का वैदिक संस्कृत या परवर्ती संस्कृत की लिपि से कहीं कोई सामंजस्य है। अभी तक तो भाषाविदों के अथक प्रयासों के बावजूद मोहेनजोदड़ो-हड़प्पा की लिपि को 'डिसाइफर' तक नहीं किया जा सका है। उत्खनन से प्राप्त सामग्री से यह अवश्य प्रमाणित होता है कि उक्त सभ्यता अत्यन्त विकसित नागर सभ्यता थी, जबकि वैदिक-काल को कृषि-सभ्यता का प्रारम्भिक काल माना जाता है। दोनों सभ्यताओं के बीच का कालान्तर भी हजार साल के आसपास है।

वास्तविक यह कि वैदिक युग के पहले से भारतीय संस्कृति के दो उद्‌गम-स्थल हैं। आदिवासियों की जीवन-शैली, उनकी परम्परा, उनकी आस्था, उनके विश्वास वैदिक या मोहेनजोदड़ो काल से मूलत: भिन्न हैं। पर जब भी संस्कृति की बात उठती है तो आदिवासी और मोहेनजोदड़ो सभ्यता की अपेक्षा वैदिक सभ्यता पर केन्द्रित होती है। समस्या यहीं से शुरू होती है। हालाँकि यह देखा गया है कि वैदिक-काल के बाद उपनिषद्-काल में सोच और चिन्तन अधिक विकसित हुआ। यह विकास विशेषकर श्रेष्ठि-वर्ग में हुआ।

वैदिक-काल में न मूर्तिपूजा का प्रचलन था, न ही मन्दिर होते थे। देवताओं में इन्द्र का स्थान सर्वोच्च था। राम, कृष्ण यहाँ तक कि शिव का भी तब तक प्रादुर्भाव नहीं हुआ था। ऋग्वेद में रुद्र का उल्लेख तो है पर वह शिव के लिए नहीं है। हालाँकि कुछ लोग हठपूर्वक दावा करते हैं कि वह शिव ही हैं। काली, दुर्गा, गणेश, हनुमान आदि देवता बहुत बाद में, पौराणिक युग में अवतरित होते हैं।

जाति-प्रथा का उल्लेख ऋग्वेद के दशम मंडल में है। उस समय यह प्रथा शुरुआती दौर में थी। हालाँकि तब तक उसका स्वरूप उतना दृढ़ और अपरिवर्तनीय नहीं हुआ था, जैसा परवर्ती युग में हो जानेवाला था।

बुद्ध-काल से मूर्ति-पूजा की शुरुआत हुई और कालान्तर में एक के बाद एक भगवानों का अवतार और देवी-देवताओं का प्रादुर्भाव होता गया। उनकी मूर्तियाँ बनाकर, मन्दिरों में उनकी प्राण-प्रतिष्ठा कर पूजा की जाने लगी। वैदिक-काल से ही पुरोहितों और श्रेष्ठिवर्ग की भाषा संस्कृत और आम वर्ग की भाषा पालि और प्राकृत रही। यहाँ यह महत्त्वपूर्ण तथ्य उल्लेखनीय है कि दक्षिण भारत के प्रदेशों की भाषा उत्तर और मध्य भारत से बिलकुल भिन्न रही। सामाजिक संरचना में वैदिक युग से विकास की प्रक्रिया निरन्तर चलती रही। खान-पान, पहनावा, सोच, चिन्तन, कला, साहित्य आदि हर क्षेत्र में बदलाव आते रहे।

इस तथ्य पर ध्यान दिया जाना चाहिए कि ईश्वर और धर्म की प्रधानता वाले इस देश में अनीश्वरवादी नास्तिक-दर्शन भी कभी इतनी विकसित और प्रभावी अवस्था में उपस्थित था कि उससे असहमत और उसका विरोध करनेवाली दार्शनिक धाराओं के लिए भी उसकी अनदेखी करना सम्भव नहीं

था। ईश्वरवादी इहलोक (भौतिक जगत्) को मिथ्या बताते हुए परलोक पर जोर देते हुए दावा करते थे कि वही चिरन्तन सत्य है, जबकि अनीश्वरवादी चार्वाकपन्थियों का दावा था कि न पिछला जन्म होता है, न अगला इसलिए वर्तमान जन्म को ही सुखपूर्वक जियो, आवश्यकता पड़े तो कर्ज लेकर भी। मरणोपरान्त देह को तो भस्म हो जाना है। इन्होंने आत्मा के अस्तित्व को भी पूरी तरह खारिज किया।

बुद्ध ने ईश्वर की अवधारणा को नकारते हुए कहा था कि किसी की भी कही हुई या लिखी हुई बात को, यहाँ तक कि मेरी भी, तब तक स्वीकार मत करो जब तक कि अपने विवेक की कसौटी पर उसे जाँच-परख न लो। ढाई हजार साल पूर्व उच्चारित बुद्ध की यह उक्ति भौतिक-दर्शन का उच्चतम उदाहरण है और आज अन्ध-आस्था के युग में कहीं अधिक प्रासंगिक है। बुद्ध ने जात-पाँत को भी पूरी तरह नकारा था।

जैन-धर्म में भी ईश्वर की अवधारणा नहीं है। उसमें चौबीस तीर्थंकर हैं जो पूजे जाते हैं।

वैदिक-युग में कृषि-विज्ञान का विकास शुरू हुआ। पौराणिक युग तक आते-आते विज्ञान के क्षेत्र में भी काफी उन्नति हुई, विशेषकर खगोलशास्त्र, औषधि-विज्ञान, गणित, नक्षत्र-विज्ञान आदि ने अनेक नई मंजिलें तय कीं। 'शून्य' विज्ञान को भारत की अप्रतिम देन है।

तर्कशास्त्र, कूटनीति, दर्शन की विभिन्न विधाओं, व्याकरण आदि के क्षेत्रों में भी काफी विकास हुआ जिस पर गर्व किया जा सकता है।

सेक्स यानी यौन-सम्बन्धों पर भी काफी कुछ लिखा गया। यह कहा जा सकता है कि इस विषय पर लिखी गई वात्स्यायन की पुस्तक 'कामसूत्र' विश्व की किसी भी भाषा में लिखी गई सम्भवत: पहली पुस्तक है। इस पुस्तक में वत्स्यायन यौन-सम्बन्ध की विभिन्न मुद्राओं का वैज्ञानिक विश्लेषण करते हैं और यह भी बतलाते हैं कि किस प्रकार परस्त्री को सम्मोहित कर उसके साथ सम्भोग किया जाए। इसी ग्रन्थ में वात्स्यायन तन्त्र-मन्त्र और जड़ी-बूटियों का भी उल्लेख करते हैं जिनके प्रयोग से इच्छित व्यक्ति को सम्मोहित किया जा सकता है, या वश में किया जा सकता है।

पुराणों में भक्ति के अलावा सेक्स को लेकर भी प्रचुर मात्रा में प्रसंग गढ़े गए हैं। भगवान और देवगण किस प्रकार धोखे से परस्त्रीगमन करते हैं;

ऋषि-मुनियों की तपस्या भंग करने के लिए स्वर्ग से अप्सराओं को भेजते हैं, आदि सम्बन्धी अनेक प्रसंग पुराणों में दर्ज हैं। वाल्मीकि रामायण के अनुसार राम, भरत, लक्ष्मण और शत्रुघ्न दशरथ के वीर्य से नहीं, बल्कि उनकी तीनों रानियों के अग्निदेव द्वारा प्रदत्त खीर खाने से पैदा हुए थे।

सदियों पहले यहाँ शक और हूण आए। वे यहाँ न सिर्फ बसे बल्कि कालान्तर में यहाँ की मुख्यधारा ने उनके आत्मसात् कर लिया। इसी प्रकार सिकन्दर के साथ आए ग्रीक सैनिक और व्यापारी भी यहाँ बस गए और मुख्यधारा में समाहित हो गए। ईसा के तुरन्त बाद यहाँ ईसाइयों का आवागमन हुआ। सेवा के माध्यम से धर्म का प्रचार-प्रसार उनके आगमन का मुख्य उद्देश्य था। पीड़ित मानव की सेवा की अवधारणा की शुरुआत हमारे देश में यहीं से होती है। इतना ही नहीं, आम आदमी के लिए आधुनिक चिकित्सा और शिक्षा की सुविधा भी पहली बार ईसाई धर्म प्रचारकों ने प्रदान की। सेवा का लोभ दिखाकर धर्मान्तरण तो वे करते थे परन्तु उसका लाभ गैर-ईसाइयों को भी मिलता था। मुसलमान भी पहले व्यापारी के रूप में दक्षिण भारत और गुजरात में आए थे। स्थानीय दलित वर्ग के लोगों ने उनमें समानता का जो भाव देखा, उससे प्रभावित होकर उन्होंने इस्लाम-धर्म स्वीकार कर लिया। आक्रमणकारी के रूप में मुसलमान इसके काफी बाद मुहम्मद बिन कासिम के नेतृत्व में सिन्ध-प्रदेश में आए। और तो और, तुर्की से भागकर आए आरमेनियनों और कट्टरवादी मुसलमानों के भय से ईरान से भागकर आए पारसियों को भी भारत ने स्नेह-सम्मान के साथ शरण दी। जो लोग यहाँ रच-बस गए, वे यहीं के होकर रह गए। अलग-अलग धर्मों का अनुयायी होने के बावजूद कुछ सतही कर्मकांडों को छोड़कर उनकी जीवन-शैली विशुद्ध रूप से यहाँ की मिट्टी से उपजी जीवन-शैली हो गई। ईसाई और इस्लाम धर्म में जात-पाँत की अवधारणा नहीं है किन्तु भारतीय उपमहादेश, विशेषकर भारत के मुसलमानों और ईसाइयों के बीच जात-पाँत की कट्टरता उसी प्रकार देखी जा सकती है, जिस प्रकार हिन्दुओं में है। उनमें रोटी का रिश्ता तो है, बेटी (वैवाहिक सम्बन्ध) का नहीं।

इस्लाम में जिन चीजों की सख्त मनाही है, भारतीय मुसलमान वह सब करता है और बड़े गर्व से करता है, मसलन—नृत्य, संगीत, चित्रकला, मूर्तिकला, शायरी आदि हर क्षेत्र में मुसलमान अग्रिम पंक्ति में हैं। यहाँ तक कि शास्त्रीय

संगीत और भजन-गायकी में मुसलमानों का अवदान अप्रतिम है। कला, संस्कृति, साहित्य, स्थापत्य कला आदि के क्षेत्रों में भी जनसंख्या के अनुपात में मुसलमानों का अवदान कई गुना अधिक है। उनके अवदान को नकारना संस्कृति के उस पक्ष को नकारना है जिसके कारण भारतीय संस्कृति ने विश्वपटल पर अपना अतुल्य स्थान बना रखा है।

हिन्दी का उदय-काल खड़ी बोली से आरम्भ होता है। अमीर खुसरो पहले व्यक्ति थे जिन्होंने खड़ी बोली में रचनाओं की शुरुआत की। उन्हें खड़ी बोली का जनक कहा जा सकता है। हिन्दी भाषा और साहित्य को समृद्ध करने की जो परम्परा अमीर खुरसरों से शुरू हुई, उसकी निरन्तरता आज तक बनी हुई है। इसके समानान्तर उर्दू भाषा भी समृद्ध होती रही है। सच तो यह है कि दोनों ही भाषाएँ एक-दूसरे की पूरक रही हैं। भले ही उर्दू की लिपि भिन्न है किन्तु उसका व्याकरण हिन्दी से ही लिया गया है। जिन लेखकों-कवियों ने हिन्दी को समृद्ध किया, उनकी सूची बहुत लम्बी है। यहाँ कुछेक नामों का उल्लेख करना चाहेंगे, मसलन—सन्त कबीर, रसखान, मलिक मुहम्मद जायसी, अब्दुल रहीम खानखाना, राही मासूम रजा, शानी, बदीउज्जमां, अब्दुल बिस्मिल्लाह आदि।

उर्दू के मुसलमान लेखकों-कवियों ने जिन्होंने उर्दू या यों कहा जाए कि भारतीय साहित्य को समृद्ध किया, क्या उनके अवदान को भारतीय संस्कृति का अवदान नहीं माना जाना चाहिए? मीर तक़ी मीर, मिर्ज़ा ग़ालिब, सज्जाद ज़हीर, इस्मत चुग़ताई, सआदत हसन मंटो, कैफ़ी आज़मी, जावेद अख़्तर, जोश मलीहाबादी, इक़बाल आदि की रचनाओं को क्या अभारतीय माना जाए?

भक्ति आन्दोलन के समानान्तर और उसी की तर्ज पर ईरान से आया सूफी आन्दोलन परवान चढ़ा। सूफी हिन्दी और मुसलमानों में भेद नहीं करते थे। बंगाल में बाउल-गीत सम्भवतः भक्ति-आन्दोलन और सूफी मत से प्रेरित है जिसे हिन्दू और मुसलमान दोनों ही भक्तिपूर्वक गाते हैं और उसी प्रकार का जीवन जीते हैं। 'मस्त कलन्दर' गीत से शायद ही कोई ऐसा भारतीय या पाकिस्तानी हो जो परिचित न हो। मूलतः यह गीत अमीर खुसरो ने लिखा था किन्तु कालान्तर में इसकी मूल आत्मा को बरकरार रखते हुए कई कवियों-शायरों ने इसमें अपने अनुसार परिवर्तन किया, मसलन शिया

मुसलमानों ने इसको अली की प्रशस्ति में और सिन्ध के हिन्दुओं ने अपने गुरु झूलेलाल की प्रशस्ति के रूप में ढाला। किस्सा कोताह यह कि हर किसी को रोमांचित कर देने और थिरका देनेवाला यह गीत भारतीय संस्कृति को एक अपूर्व देन है, वस्तुतः यह हिन्दू-मुसलमान की साझा संस्कृति का प्रतीक है। यही क्यों, भक्ति और प्रेम की अभिव्यक्ति को गीत की एक सशक्त विधा कव्वाली ने एक नई ऊँचाई दी, जिसे सुनकर निरक्षर-साक्षर सभी झूम उठते हैं।

उर्दू विशुद्ध भारतीय भाषा है, जिसका जन्म और विकास यहीं हुआ। परवर्ती काल में मूलतः राजनीतिक कारणों से उर्दू को इस्लाम और मुसलमानों के साथ तथा हिन्दी को हिन्दू धर्म और हिन्दुओं के साथ जोड़ दिया गया। पाकिस्तान के किसी भी प्रदेश की भाषा उर्दू कभी नहीं रही। पंजाब में पंजाबी, सिन्ध में सिन्धी, बलूच में बलूची और सीमान्त प्रदेश में पश्तो स्थानीय भाषाएँ रहीं। उर्दू को तो विभाजन के बाद राष्ट्रीय भाषा का दर्जा देकर वहाँ थोपा गया। उर्दू को थोपे जाने के प्रतिवाद में पाकिस्तान का विभाजन हुआ और एक नए देश, बांग्लादेश का जन्म हुआ। पाकिस्तान का जो हिस्सा अलग होकर बांग्लादेश बना, उसे पहले पूर्वी पाकिस्तान कहा जाता था और उस हिस्से के लोगों की भाषा बांग्ला थी।

शास्त्रीय संगीत की विधा जब से शुरू होती है तब से हिन्दुओं से अधिक नहीं तो कम भी कतई नहीं, मुसलमानों का योगदान रहा है। नाम गिनाने की आवश्यकता नहीं फिर भी कुछ चोटी के गायकों एवं वादकों का उल्लेख आवश्यक है, जैसे—उस्ताद बड़े ग़ुलाम अली ख़ाँ, उस्ताद अमीर ख़ान, उस्ताद अलाउद्दीन ख़ाँ, उस्ताद अल्ला रक्खा ख़ाँ, डागर बन्धु, उस्ताद अमजद अली ख़ाँ, उस्ताद रशीद ख़ाँ, उस्ताद ज़ाकिर हुसैन आदि।

कला की कोई भी विधा, वह फिल्म हो या आधुनिक नाटक, चित्रकला या मूर्तिकला—सभी में प्रारम्भिक काल से लेकर आज तक भारतीय मुसलमानों की भूमिका अग्रणी रही है।

भारत में मुसलमानों की जनसख्या लगभग सोलह प्रतिशत है किन्तु देश के कुल कुशल कारीगरों में इनका अनुपात सत्तर प्रतिशत या इससे अधिक है। देश की अर्थव्यवस्था में इनके अवदान का सही तो क्या, कोई मूल्यांकन ही नहीं किया गया।

काश, भारतीय मुसलमानों ने अपनी उपरोक्त भारतीय पहचान को प्रमुखता दी होती और इस पर वर्ग किया होता! क्या वे नहीं जानते कि उनके उपरोक्त गुणों और पहचान को इस्लाम की जन्मस्थली सऊदी अरब में इस्लामी कानून के अन्तर्गत दंडनीय अपराध माना जाता है? यदि यह कृत्य वे सऊदी अरब में करें तो या तो वे जेलों में बन्द कर दिए जाएँगे, या उन्हें मृत्युदंड दे दिया जाएगा। और तो और, इस्लाम धर्म में शायर और शायरी तक को नीची निगाह से देखा गया है।

यह एक सर्वमान्य तथ्य है कि अर्थव्यवस्था का स्वरूप संस्कृति के स्वरूप को निर्धारित करने में अहम भूमिका निभाता आया है। कृषि-व्यवस्था के पहले संस्कृति का जो स्वरूप था, जो सामाजिक संरचना थी, कृषि-व्यवस्था और पशु-पालन के आते ही उसमें आमूल-चूल परिवर्तन हुआ। सबसे पहले घरेलू उद्योग की शुरुआत हुई। इसने भी संस्कृति की विकास-प्रक्रिया में अपना योगदान दिया। औद्योगिक क्रान्ति ने कम से कम पश्चिम के देशों में एक नई संस्कृति की आधारभूमि तैयार कर दी, क्योंकि इसके साथ नवजागरण की प्रक्रिया शुरू हो गई। इस प्रक्रिया ने पूरे समाज का पुराना तौर-तरीका और चेहरा बदल दिया। लोगों ने धर्म से अधिक भेदभावरहित और समतामूलक समाज की स्थापना की चेष्टा की। सामन्तवाद को ध्वस्त कर समाजवाद और पूँजीवाद ने कल्याणकारी व्यवस्था स्थापित की जिसमें मनुष्य को जन्म से मृत्यु पर्यन्त न्यूनतम सुख-सुविधाओं के साथ एक मर्यादित जीवन देने का बुनियादी अधिकार दिया गया। सामन्ती व्यवस्था के आधार-धर्म और ईश्वर का महत्त्व कम होता चला गया। किन्तु हमारे देश में यह सब नहीं हुआ।

औद्योगिक क्रान्ति के बावजूद यहाँ जन्मगत वर्ण-व्यवस्था एवं अन्धविश्वास, कुरीतियाँ, रूढ़ियाँ आदि न केवल बनी रहीं बल्कि उनमें इजाफा हुआ। अन्ध-आस्था पर आधारित धर्म की जड़ें और गहरी होती चली गईं। हालाँकि औद्योगिक क्रान्ति के साथ जो अवश्यम्भावी बदलाव आना था, वह आया, भले ही वह सतही था।

भारत में औद्योगिक क्रान्ति के संस्थापक और प्रणेता जमशेत जी टाटा ने स्वामी विवेकानन्द की प्रेरणा से पहला इस्पात कारखाना जमशेदपुर में स्थापित किया। वह पारसी थे। भारत में कुछ लाख की जनसंख्या वाले पारसी समुदाय

ने न केवल उद्योग-धन्धों के क्षेत्र में बल्कि संस्कृति की विशिष्ट विधा कला के क्षेत्र में, विशेषकर पारसी थिएटर, फिल्मों व सिनेमाघरों के निर्माण में उल्लेखनीय योगदान दिया। समाज-विज्ञान के क्षेत्र में टाटा संस्थान ने टाटा इंस्टीट्यूट ऑफ सोशल साइंस की बम्बई में स्थापना की, जो आज अन्तरराष्ट्रीय ख्याति के एक संस्थान के रूप में प्रतिष्ठित है।

पारसियों की तरह ही एक छोटे से समुदाय, यहूदियों ने भारत की संस्कृति और अर्थव्यवस्था को विकसित करने में जो अवदान दिया, उसे स्वीकार न करना संकीर्णतावादी दृष्टि होगी।

हमारे देश में ऐसे शुद्धतावादियों की कमी नहीं, जो ताल ठोंककर यह दावा करते रहे हैं कि भारतीय संस्कृति मूलतः हिन्दू-संस्कृति है और यहीं की मिट्टी की उपज है। उनका यह भी दावा है कि हमारी संस्कृति ने दुनिया को केवल दिया ही दिया है, लिया कुछ नहीं। उनके अनुसार भारत में मुसलमानों और अंग्रेजों के आगमन से सांस्कृतिक विकृति की शुरुआत हुई और यह विकृति ही हमारे सांस्कृतिक अवसान का और समाज की समस्त बुराइयों का कारण है। तथ्य किन्तु सर्वथा इस धारणा के विपरीत खड़े नजर आते हैं। सामन्तवाद, दासप्रथा, जन्मगत जाति व्यवस्था, ऊँच-नीच का भेदभाव आदि चीजें न तो मुस्लिम देशों से आईं, न ही पश्चिम से, ये तो विशुद्ध देशज हैं। भगवान को एक रुपए का प्रसाद चढ़ाकर, ब्राह्मण को डेढ़ रुपए की दक्षिणा देकर और त्रिवेणी-संगम पर ग्यारह रुपए का गोदान कर लोग इस लोक में धनधान्य, पुत्र और सभी प्रकार के सुख पाने तथा मरणोपरान्त वैतरणी पार कर स्वर्ग पाने की जो कामना करते हैं, क्या यह पश्चिम की देन है ? यह तो इसी देश में उपजी चरम अन्ध-आस्था और धर्मान्धता की देन है।

बाहर से हमने कुछ नहीं लिया, यह अत्यन्त भ्रामक धारणा है। हमने विश्व को बहुत कुछ दिया है, यह सही है किन्तु यह भी सही है कि हमनें बहुत कुछ लिया भी है।

आधुनिक युग में वैज्ञानिक उपलब्धियों से प्राप्त सुख-साधन, शिक्षा, चिकित्सा, रेल-मोटर, हवाई जहाज से यात्रा आदि का जो हम उपभोग कर रहे हैं, वह तो विशुद्ध पश्चिमी देन है।

आइए, थोड़ा इतिहास में झाँकें। ऋग्वेद में केवल दो-तीन प्रकार के खाद्यान्न का उल्लेख है। आज हम सैकड़ों प्रकार के खाद्यान्नों और फलों का

उत्पादन कर रहे हैं। कभी किसी ने यह जानने की चेष्टा की कि इनमें से कितने अनाज और फल बाहर से आए? आलू, टमाटर, मकई, अंगूर, चाय, कॉफी और भी न जाने कितने प्रकार के अनाज और फल बाहर से आए हैं जिनका हम उपभोग कर रहे हैं।

परिधान को ही लें। प्राचीन काल में लोग वल्कल वस्त्रधारी होते थे और शरीर का ऊपरी हिस्सा खुला होता था—स्त्री हो या पुरुष। इसके लिए किसी शोध की आवश्यकता नहीं, संग्रहालयों में जाकर बहुत कुछ जाना जा सकता है। शुद्धतावादी किसी गणवेशधारी से पूछा जाए कि एड़ी से चोटी तक जो पोशाक—पैंट, जूता, शर्ट, काली टोपी इत्यादि—आप पहनते हैं, क्या उसका उल्लेख किसी प्राचीन ग्रन्थ में हैं? यह तो पश्चिम से उधार ली हुई पोशाक है। अचकन, शेरवानी, सेहरा आदि मुसलमानों की देन है। कोट, पैंट, जींस, टाई आदि जो आज प्रचलन में हैं, क्या देशज हैं? वल्कल या साड़ी-धोती के स्थान पर सलवार-कमीज और पैंट-शर्ट की यात्रा क्या आदान-प्रदान की प्रक्रिया का अंग नहीं है?

एक वक्त था जब लोग यहाँ की मिट्टी और पत्थरों से गढ़े गए देवी-देवताओं की पूजा करते थे। विगत दस-पन्द्रह वर्षों से विदेश में बने राम-सीता, राधा-कृष्ण, गणेश-लक्ष्मी, काली, हनुमान आदि देव-मूर्तियों का आयात होने लगा है और उनकी पूजा की जा रही है। इस 'विकृति' को क्या कहेंगे और इसके लिए किस देश-विशेष पर दोष मढ़ेंगे?

वस्तुतः आवश्यकता इस बात की है कि हम अपने ही गढ़े हुए मिथकों से ऊपर उठकर आत्मश्लाघा-रूपी अफीम के नशे से मुक्त होकर जब तक सामने उपस्थित हकीकत से रू-ब-रू नहीं होंगे तब तक हम अतीत की गौरव-गाथा रटते हुए अतीतोन्मुख होकर जीते रहेंगे। जाहिर है कि यह स्थिति वर्तमान और भविष्य को हाशिए पर धकेलती रहेगी और हम सीखने का नहीं, सिखाने का भ्रम पाले रहेंगे।

हमें खुली दृष्टि से संस्कृति के हर पहलू का आकलन करते हुए उस पर खुली बहस करनी चाहिए। हिन्दू धर्म हो या ईसाई या सिख या बौद्ध या इस्लाम; इनसे जुड़े धार्मिक ग्रन्थ, वेद-उपनिषद-गीता, बाइबल, गुरुग्रन्थ साहब, कुरान; अवतार या अवतारी पुरुष; ईश्वर या ईश्वरीय दूत—इन सब पर वैज्ञानिक दृष्टि से तथ्यसंगत और विवेकपरक चर्चा होनी चाहिए।

इसके विपरीत किसी संस्कृति को यदि एक संकीर्ण सीमा में कैद कर दिया जाए तो इससे सड़ाँध पैदा होगी और कूप-मंडूक मानसिकता को बल मिलेगा।

शुद्धतावादी धर्म के स्वयंभू रक्षक बने फिरते हैं। धर्म की तथ्यपरक आलोचना ही क्यों न हो, इतिहास को जाने बगैर, तथ्य और विवेक को ताक पर रखते हुए वे हिंसा पर उतर आते हैं। ऐसे शुद्धतावादियों में हिन्दू, मुस्लिम, सिख—सभी सम्प्रदायों के लोग देखे जा सकते हैं। वे ईश्वर और धर्म की आलोचना करनेवालों पर वज्र प्रहार करने को आतुर रहते हैं। काश, ये अपने गिरेबां में झाँके होते; धर्म ग्रन्थों को मनोयोग से पढ़ा और समझा होता; देवी-देवताओं के पुराणों में उल्लिखित चरित्रों पर दृष्टिपात किया होता; खुदा ने 'कुन्न' शब्द का उच्चारण किया और ब्रह्मांड की सृष्टि हो गई—जैसे अतार्किक और अवैज्ञानिक तर्क की विवेचना की होती; घृणा-विद्वेष और हिंसा से मुक्त केवल अहिंसा और प्रेम की वाणी से सराबोर गुरुग्रन्थ साहब का पाठ किया होता! यह सब करने पर उनकी समझ विकसित हुई होती और वे ऐसी कोई हरकत नहीं करते जिससे हिंसा, विद्वेष और घृणा पैदा हो। विभिन्न समुदायों के बीच जिन धर्मों और धर्मग्रन्थों को लेकर आए दिन हिंसा होती है, लेकिन यह हिंसा करनेवालों के आचरण का इन धर्मों और धर्मग्रन्थों के मूल चिन्तन और विचारों का कहीं कोई मेल नहीं होता। वस्तुतः किसी भी धर्म के अनुयायी को उस धर्म के मर्म के अनुरूप आचरण करना चाहिए। घंटा-घड़ियाल बजाकर पूजा-अर्चना करना, नमाज पढ़ना, अजान देना, शोभा-यात्रा निकालना आदि मात्र धर्म पर आचरण करना नहीं होते, ये तो सतही रूप हैं, दिखावा हैं।

श्लील और अश्लील की सीमारेखा तय करना और उसके आधार पर लोगों को श्रेणीबद्ध करना शुद्धतावादियों का पसन्दीदा काम है। इस काम को वे प्रायः धर्म, संस्कृति और नैतिकता का हवाला देकर करते हैं, जिसे यदि रोका नहीं गया तो समाज धर्म-विमुख होकर अनैतिक और असंस्कृत हो जाएगा। यह जानना दिलचस्प है कि उनकी दलीलों का उनके वही धर्मग्रन्थ और अन्य धार्मिक-सांस्कृतिक साक्ष्य समर्थन नहीं करते, जिनकी रक्षा के नाम पर वे यह सब करते हैं। श्लील-अश्लील के प्रकरण में यौन-शुचिता इनका एक अहम मुद्दा होता है। लेकिन उड़ीसा से लेकर तमिलनाडु के सैकड़ों

मन्दिरों के प्रकोष्ठों पर स्त्री-पुरुष ही नहीं, समलैंगिक और पशु-सम्भोग की जो मूर्तियाँ उकेरी गई हैं, उन्हें क्या कहेंगे—श्लील या अश्लील? प्राचीन ग्रन्थों में देवी-देवताओं के यौनाचार की चर्चा की गई है, क्या इन ग्रन्थों को अश्लील मानकर प्रतिबन्धित किया जाए?

आज बदले परिवेश में स्त्री और पुरुष के पहनावे को लेकर यह कहकर आपत्ति उठाई जाती है कि यह पश्चिम की विकृति है और यौन-अपराधों को बढ़ावा देती है। आँकड़े बताते हैं कि जनसंख्या को ध्यान में रखते हुए भी भारत में पश्चिम की तुलना में कई गुना अधिक यौन अपराध होते हैं, जबकि पश्चिम में तो 'न्यूड बीच' (नग्न लोगों के लिए समुद्र-तट) तक होते हैं जहाँ पूरा परिवार निर्वस्त्र होकर धूप सेंकता है फिर भी वहाँ इतने अपराध नहीं होते। जाहिर है, यौन अपराधों का सम्बन्ध पहनावे से नहीं बल्कि अवदमित यौन-मानसिकता से है।

भारत राष्ट्रीयताओं, उपराष्ट्रीयताओं, संस्कृति की विभिन्न धाराओं-उपधाराओं का अद्भुत संगम है, जिस पर हमें गर्व करना चाहिए और समय के अनुसार हो रहे परिवर्तनों को सहज रूप से स्वीकार करना चाहिए। हर क्षण प्रकृति बदलती है, उसका स्वभाव बदलता है। मनुष्य के लिए इस बदलाव से अछूता बचे रहना असम्भव है।

तमिल भाषा का संगम काल स्वर्णिम काल माना जाता है। इस संगम काल को भौतिकवादी, अनीश्वरवादी और इहलोकवादी माना जाता है। अपनी सशक्त लेखनी के माध्यम से कवियों ने आम आदमी में गहरी बैठ बनाई थी। हाल ही की बात है—द्रविड़ कषगम के संस्थापक ई.वी. रामास्वामी नायकर घोर नास्तिक थे और नास्तिकता उनकी संस्था के मूल उद्देश्यों में एक थी। द्रविड़ कषगम के बाद रामास्वामी नायकर से अलग होकर अन्नादुरई ने द्रविड़ मुन्नेत्र कषगम की स्थापना की और नास्तिकता को मूल उद्देश्यों में शामिल रखा।

भारतीय संस्कृति को खतरा भीतर से अधिक और बाहर से कम है। अपने गिरेबां में झाँके बिना केवल पश्चिम को दोष देना सच्चाई से मुँह मोड़ना है। भारतीय संस्कृति को किसी एक धर्म और एक समुदाय से जोड़कर देखना और अन्य धर्मों और समुदायों को उसको विकृत या कमजोर करनेवाला बतलाना भी सत्य नहीं है।

कन्यादान, दहेज-प्रथा आदि क्या पश्चिम की देन हैं? हमारे यहाँ विवाह-शादियों में जो फिजूलखर्ची और दिखावा होता है, क्या वह पश्चिम के बाजारवाद या उपभोक्तावाद की देन है?

धार्मिक उत्सवों और कर्मकांडों पर हर वर्ष जो लाखों-करोड़ों, जी हाँ! लाखों-करोड़ों की राशि फूँक दी जाती है, क्या वह पश्चिम की देन है?

अनगिनत मूर्तियों का समुद्र-नदी-तालाब आदि में विसर्जन कर फिजूलखर्ची के अतिरिक्त भयानक पैमाने पर वातावरण प्रदूषित करने की कला क्या हमने पश्चिम से सीखी है? मोक्षप्राप्ति के लिए ब्राह्मण को स्वर्ण, रजत और गोधन का दान क्या उपभोक्ता संस्कृति का विकृततम स्वरूप नहीं है?

यह कैसा जनतंत्र है जिसमें हर वयस्क को प्रधानमंत्री, सांसद, विधायक आदि को चुनने का अधिकार तो है पर अपना जीवन-साथी चुनने का नहीं? राष्ट्रीय, सामजिक और व्यक्तिगत जीवन से जुड़े इस महत्त्वपूर्ण पक्ष पर क्या कभी गहराई से विचार किया गया है? क्या पूरी संस्कृति पर इसका कुप्रभाव नहीं पड़ रहा है?

विज्ञानसम्मत तथ्यों को नकारते हुए मिथकों के प्रति अन्धश्रद्धा किस संस्कृति को जन्म देती है? स्वयं पर भरोसा न कर किसी अलौकिक शक्ति पर निर्भरता क्या मनुष्य के आत्मविश्वास पर आघात नहीं करती?

जिस देश में जहाँ साठ प्रतिशत लोगों को शौचालय तक की सुविधा नहीं, जहाँ साठ से सत्तर प्रतिशत लोगों को शुद्ध पेयजल उपलब्ध नहीं, जहाँ सही अर्थों में मात्र बीस से पच्चीस प्रतिशत लोग शिक्षित हों, वहाँ क्या ऐसी संस्कृति पुष्पित-पल्लवित हो सकती है, जिस पर गर्व किया जा सके?

जिस समाज में युक्ति, तर्क, विवेक के स्थान पर अन्ध-आस्था पर केन्द्रित धर्म का वर्चस्व हो, वह समाज अतीतजीवी होता है तथा संस्कृति को प्रदूषित करता है। भारत में एक नहीं, कई धर्म हैं। धर्मों में भी दर्जनों उपधर्म हैं, सैकड़ों कल्ट हैं, अनगिनत भगवान और भगवान के अवतार हैं, धार्मिक पुस्तकें हैं जिन्हें मानना अनिवार्य है, वरना नरकगामी (दोजख) होना पड़ेगा। कहना न होगा कि ऐसी अन्ध-आस्था पर केन्द्रित समाज अन्याय, विषमता, जन्मगत वर्ण-व्यवस्था, दासता आदि को पुष्ट करनेवाला ही हो सकता है।

पश्चिम से आए वैश्विक बाजारवाद पर समाज में व्याप्त विकृतियों के लिए दोष मढ़कर अपनी जिम्मेवारी से पल्ला झाड़ने की गहरी प्रवृत्ति है। ऐसी प्रवृत्ति वाले लोगों से पूछा जाना चाहिए कि धार्मिक उत्सवों पर लाखें-करोड़ों की फिजूलखर्ची क्या बाजारवाद का निकृष्टतम रूप नहीं है? देश में धार्मिक स्थलों की तुलना में स्कूल-अस्पतालों की संख्या बहुत कम है। धार्मिक स्थलों के पास अकूत सम्पत्ति है, जिसके बल पर कुछेक लोग मौजमस्ती की जिन्दगी जीते हैं। वस्तुतः हमारे समाज में एक गहरा द्वैध नजर आता है—वह आध्यात्मिकता का बखान करते नहीं थकता, लेकिन अपनी व्यावहारिक जीवनशैली में वह घोर भौतिकवादी है। क्या यह सब उसने पश्चिम से सीखा है?

समता और न्याय पर आधारित समाज की संरचना तो दूर, उसकी कल्पना भी क्या इन परिस्थितियों में की जा सकती है? संस्कृति की निरन्तर प्रवहमान धारा को अवरुद्ध कर उसे एक जड़ परिधि में बाँधने की चेष्टा धर्म की देन है। संस्कृति मनुष्य को सुसभ्य बनाती है, जबकि धर्म मनुष्य को परजीवी और इस लोक से ज्यादा परलोकमुखी बनाता है। नतीजा सामने है। बाजारवाद का घिनौना रूप धार्मिक स्थलों पर देखा जा सकता है। यह बाजारवाद विशुद्ध देशज है।

आधुनिक काल में शिक्षा, चिकित्सा और सुख-सुविधाओं के लिए जितने वैज्ञानिक आविष्कार हुए हैं, वह धर्म से नहीं, धर्म को हाशिए पर रखते हुए उन देशों में हुए हैं जिन्हें तमाम दोषों-विकृतियों के लिए जिम्मेवार माना जाता है। काश, आत्मश्लाघा से मुक्त अपने गिरेबां में झाँकने की गम्भीर चेष्टा हुई होती!

महान क्रान्तिकारी, चिन्तक व शहीद भगत सिंह ने लिखा था :

'...प्रत्येक मनुष्य को, जो विकास के लिए खड़ा है, रूढ़िगत विश्वासों के हर पहलू की आलोचना तथा उन पर अविश्वास करना होगा और उनको चुनौती देनी होगी। प्रत्येक प्रचलित मत की हर बात को हर कोने से तर्क की कसौटी पर कसना होगा। यदि काफी तर्क के बाद भी वह किसी सिद्धान्त अथवा दर्शन के प्रति प्रेरित होता है, तो उसके विश्वास का स्वागत है। उसका तर्क असत्य, भ्रमित या छलावा और कभी-कभी मिथ्या हो सकता है। लेकिन उसको सुधारा जा सकता है क्योंकि विवेक उसके जीवन का दिशासूचक है

पर निरा विश्वास और अन्धविश्वास खतरनाक है। यह मस्तिष्क को मूढ़ तथा मनुष्य को प्रतिक्रियावादी बना देता है।...

...धार्मिक अन्धविश्वास और कट्टरपन हमारी प्रगति में बहुत बड़े बाधक हैं। वे हमारे रास्ते के रोड़े साबित हुए हैं और हमें उनसे हर हालत में छुटकारा पा लेना चाहिए। जो चीज आजाद विचारों को बर्दाश्त नहीं कर सकती, उसे समाप्त हो जाना चाहिए।'

# छद्म धर्मनिरपेक्षता

आधुनिक सन्दर्भ में धर्मनिरपेक्षता पश्चिम की अवधारणा है। समाज पर चर्च की जकड़न से मुक्ति के लिए 15वीं शताब्दी से वहाँ जो नवजागरण प्रारम्भ हुआ, धर्मनिरपेक्षता उसी कड़ी का एक हिस्सा है, जिसने धर्म के प्रति निरपेक्ष भाव अपनाया और मानवता को सर्वोपरि माना। धर्म और धार्मिक कठमुल्लेपन से मुक्ति का जबर्दस्त अभियान धर्मनिरपेक्षतावादियों ने चलाया था और उन्हें इसमें पूर्णतः न सही, पर काफी हद तक सफलता मिली।

'धर्मनिरपेक्ष' पर अंग्रेजी के 'सेकुलर' शब्द से आया है। सन् 1850-52 में धर्म के प्रति निरपेक्ष विरत भाव रखनेवाले बुद्धिजीवियों के नेता टॉमस पाइन ने पहली बार इस शब्द का प्रयोग किया। धर्मनिरपेक्षता की विचारधारा के प्रचार-प्रसार के लिए यूरोप और अमेरिका में जबर्दस्त मुहिम चली। शुरुआती दौर में धर्मनिरपेक्षतावादियों को काफी मुसीबतों का सामना करना पड़ा, सामाजिक बहिष्कार से लेकर जेल-यातना तक। ब्रिटिश पार्लियामेंट के लिए निर्वाचित ब्रॉड लॉग ने बाइबल पर हाथ रखकर शपथ लेने के बजाय मानवतावाद को साक्षी रखकर शपथ लेनी चाही तो उन्हें संसद की सदस्यता से वंचित किया गया। उपचुनाव हुए, उसमें भी ब्रॉड लॉग उम्मीदवार के रूप में खड़े हुए और जीते। अन्ततः जनमत के दबाव में ब्रिटिश पार्लियामेंट के नियमों में संशोधन किया गया और ब्रॉड लॉग सांसद बनने में सफल हुए।

भारत में 'धर्मनिरपेक्षता' की परिभाषा में महात्मा गांधी ने कहा कि 'सर्वधर्म समभाव' ही धर्मनिरपेक्षता का पर्याय है। इससे धर्मनिरपेक्षता की मूल भावना तो नष्ट हुई ही, धर्म पर आधारित धर्मनिरपेक्षता ने साम्प्रदायिक सद्‌भाव के बजाय साम्प्रदायिक विचारधारा को बल प्रदान किया। इसका नतीजा हमारे सामने है। भारतीय संविधान में 'धर्मनिरपेक्षता' शब्द इन्दिरा गांधी की पहल से शामिल तो किया गया परन्तु उसे परिभाषित नहीं किया

गया। आज पश्चिम की कल्याणकारी व्यवस्था में व्यक्ति और उसके मर्यादित जीवन को मूलभूत अधिकारों में शामिल किया जाना इसी अवधारणा का परिणाम है। भाग्य-भगवान की मानसिकता पर निर्भर समाज, समता और न्याय के सिद्धान्त को स्वभावत: अस्वीकार करता है। धर्मनिरपेक्षता इसके विकल्प के रूप में उभरकर आई और उसके सुपरिणाम देखने को मिले।

जहाँ तक भारत का प्रश्न है, यहाँ धर्मनिरपेक्षता की दो समानान्तर धाराएँ प्रवाहित होती रही हैं।

एक धारा धर्म के प्रति निरपेक्ष भाव लिये समता और न्याय पर आधारित मनुष्य के मर्यादित जीवन को बुनियादी अधिकार के रूप में स्वीकार करती है। इस धारा के पृष्ठपोषकों में भगत सिंह, जवाहरलाल नेहरू, राहुल सांकृत्यायन आदि के साथ कम्युनिस्ट पार्टी के प्रारम्भिक काल का नेतृवर्ग था। जबकि इसके समानान्तर सर्वधर्म समभव की अवधारणा को धर्मनिरपेक्षता का पर्याय माननेवालों में महात्मा गांधी का और बाद में उदारपन्थी या संशोधनवादी तत्त्वों का नाम लिया जा सकता है।

आजादी के बाद भारत में चुनाव की राजनीति का एक परिणाम यह हुआ कि लगभग सभी राजनीतिक तत्त्वों ने समभाव पर आधारित धर्मनिरपेक्षता के सिद्धान्त को चुनाव जीतने, सत्ता पर काबिज होने की रणनीति के रूप में ग्रहण किया। इन लोगों ने सत्ता पर काबिज होने को अपनी अन्तिम मंजिल माना और इस सिद्धान्त के तहत धर्मनिरपेक्षता में इस कदर घालमेल कर दिया कि यह सिद्धान्त अपने मूल चरित्र को ही खो बैठा। अब तो धार्मिक समुदायों का तुष्टीकरण, जाति का चरम सीमा तक जाकर दोहन ही धर्मनिरपेक्षता का पर्याय मान लिया गया है। इतना ही नहीं, एक वर्ग, जो प्रगतिशील व वामपन्थी विचारधारा से जुड़ा रहा, वह बहुसंख्यक वर्ग की धार्मिक कट्टरता और धर्मान्धता पर चोट करने को ही धर्मनिरपेक्षता मान बैठा। अल्पसंख्यक वर्ग, विशेषकर मुस्लिम सम्प्रदाय, की धार्मिक कट्टरता और धर्मोन्माद की अनदेखी करना धर्मनिरपेक्षता की अहम् रणनीति मान ली गई।

इस रणनीति ने भले ही तात्कालिक लाभ दिया हो, पर इसका दूरगामी प्रभाव धर्मनिरपेक्षता के हित में नहीं हुआ, विशेषकर मुस्लिम समुदाय को धर्मान्धता की पराकाष्ठा पर पहुँचाकर उसे अत्यधिक संवेदनशील बना दिया गया। मुस्लिम सम्प्रदाय को लगा, उसकी प्राथमिकता रोजी-रोजगार, शिक्षा

और चिकित्सा नहीं, धर्म है। इसका खामियाजा भुगतने के बावजूद वह अपने रूढ़िग्रस्त सोच से बुरी तरह ग्रस्त है।

दूसरी तरफ इस रणनीति ने हिन्दुत्ववादियों को ऊर्जा दी और यह कहने का मौका दिया कि अल्पसंख्यकों का तुष्टीकरण किया जा रहा है, जबकि तथ्य इसके विपरीत रहे हैं। इसके लिए केवल मात्र मुस्लिम सम्प्रदाय को दोष देना उचित नहीं होगा। दरअसल हमारे देश की प्राथमिकता ही धर्म रही है। 2001 की मतगणना के अनुसार 24 लाख धर्मस्थलों की तुलना में स्कूल, कॉलेज, अस्पतालों की कुल संख्या मात्र 18 लाख है। अगर सड़कछाप मन्दिरों-मज़ारों की संख्या को जोड़ा जाए तो धर्मस्थलों की संख्या एक करोड़ के आसपास होगी।

हाँ, जहाँ तक धर्म के प्रति संवेदनशीलता का प्रश्न है, हिन्दू सम्प्रदाय—हिन्दुत्ववादियों की हर चेष्टा के बावजूद—मुस्लिम यहाँ तक कि सिख सम्प्रदाय की तुलना में ज्यादा उदार रहा है। न होता तो शंकराचार्य की गिरफ्तारी, उन्हें सामान्य कैदियों के साथ सामान्य जेल में रखे जाने पर क्या खून की नदी न बह जाती? इतना ही नहीं, हिन्दू धर्म और इसके असंख्य देवी-देवताओं पर कटुतर टिप्पणियों को लेकर दर्जनों ग्रन्थ लिखे गए और बाजार में उपलब्ध हैं। इनको लेकर दंगे-फसाद नहीं होते? हाँ, कभी-कभार इक्की-दुक्की घटनाओं को लेकर संघ परिवार, शिवसेना व बजरंगदलिए हंगामा करते हैं, पर उन्हें जन-समर्थन कभी नहीं मिला। इस तथ्य को स्वीकार करने में झिझक नहीं होनी चाहिए। वैसे साम्प्रदायिक मानसिकता हिन्दू समाज में गहरे पैठी हुई है और समय रहते इसका निदान न हुआ तो स्थिति कभी भी विस्फोटक हो सकती है, जैसा गुजरात में हुआ।

भगत सिंह का विचार था कि धर्म को साथ लेकर चलने से धर्मनिरपेक्षता स्थापित नहीं होगी, न साम्प्रदायिक सद्‌भाव होगा, क्योंकि धर्म का आधार ही है वर्गों में टकराव। हर धर्म अपने-आपको श्रेष्ठतम मानता है तथा समाज पर वर्चस्व के एकाधिकार का दावा करता है। ऐसी हालत में सतही स्तर पर एक सीमित अवधि के लिए भले ही साम्प्रदायिक सद्‌भाव स्थापित हो जाए पर इनमें भीतर ही भीतर टकराव की स्थिति बनी रहेगी जो एक-दूसरे के प्रति घृणा, विद्वेष व हिंसा को बढ़ावा देगी।

आज तक की जमीनी हकीकत पर अगर गहराई से नजर डालें तो हम

पाते हैं कि सर्वधर्म समभाव कभी कारगर हथियार नहीं बन सकता। हाँ, वक्ती तौर पर इसका एकाधिक बार सफल प्रयोग होता रहा है।

गांधीजी ने सर्वधर्म समभाव पर आधारित धर्मनिरपेक्षता की वकालत की, उस पर अमल किया। पर क्या वे सफल हुए? उनके जीवनकाल में हिन्दू-मुसलमानों के बीच सर्वाधिक खूनी टकराव हुए और धर्म के नाम पर भारत का विभाजन भी उनके जीवनकाल की ही घटना है। यह भी ऐतिहासिक तथ्य है कि खिलाफत, जो कि विशुद्ध धार्मिक मसला था, के सवाल पर मुल्लाओं के साथ गांधीजी ने जो गठजोड़ किया, छह महीने बाद ही उसकी परिणति देश में हिन्दू-मुसलमान दंगों में हुई। जबकि खिलाफत से मुक्त तुर्की—मुस्तफा कमाल, अतातुर्क के नेतृत्व में—धर्म को दरकिनार कर एक सशक्त धर्मनिरपेक्ष राष्ट्र के रूप में उभरा और मुस्लिम देशों में यह सबसे उन्नत देश है।

एक वक्त था जब मजहब के आधार पर एकता की बात प्रगतिशील वामपन्थी चिन्तकों का शगल नहीं था। उनका मानना था कि जब तक मजहब की जड़ें गहरी रहेंगी, तब तक साम्प्रदायिकता भी रहेगी। इन जड़ों पर कुठाराघात किए बिना साम्प्रदायिकता का मुक़ाबला नहीं किया जा सकता।

राहुल सांकृत्यायन ने 'तुम्हारे धर्म की क्षय' में इस बात को स्पष्ट करते हुए कहा है : 'धर्म की जड़ में कुल्हाड़ा लग गया है, और इसलिए अब मजहबों के मेल-मिलाप की भी बातें कभी-कभी सुनने में आती हैं, लेकिन क्या यह सम्भव है? —मजहब नहीं सिखाता आपस में बैर रख—इस सफेद झूठ का क्या ठिकाना! अगर मजहब बैर नहीं सिखलाता तो चोटी-दाढ़ी की लड़ाई में हज़ार बरस से आज तक हमारा मुल्क़ पामाल क्यों है? पुराने इतिहास को छोड़ दीजिए, आज भी हिन्दुस्तान के शहरों और गाँवों में एक मजहब वालों को दूसरे मजहब वालों के खून का प्यासा कौन बना रहा है? कौन गाय खानेवालों से गोबर खानेवालों को लड़ा रहा है? असल बात यह है—महजब तो है सिखाता, आपस में बैर रखना। भाई को है सिखाता, भाई का खून पीना। हिन्दुस्तानियों की एकता मजहबों के मेल पर नहीं होगी, बल्कि मजहबों की चिता पर। कौए को धोकर हंस नहीं बनाया जा सकता। कमली धोकर रंग नहीं चढ़ाया जा सकता। मजहबों की बीमारी स्वाभाविक है। उसका मौत को छोड़कर इलाज नहीं।'

क्या राहुल का यह विचार आज अप्रासंगिक हो गया है ? जी नहीं। सच तो यह है कि भगत सिंह, राहुल आदि आज अपने वक्त से कहीं ज्यादा प्रासंगिक हो गए हैं, क्योंकि परिस्थितियाँ तब से कहीं अधिक जटिल व भयावह हुई हैं।

'70 के दशक से वामपन्थी राजनीति में महत्त्वपूर्ण परिवर्तन आया। कम्युनिस्टों को लगा कि धर्म को नकार कर भारत में धर्मनिरपेक्षता का सिद्धान्त नहीं चलेगा तो उन्होंने परोक्ष रूप से ही सही, धर्म का पृष्ठपोषण शुरू कर दिया। इसे चुनावी रणनीति के तहत अपनाया गया, और परिणाम हमारे सामने है। भले ही सत्ता पर काबिज़ होने में सफलता मिली, परन्तु साम्प्रदायिक सद्भाव, सम्प्रदायों में मेल-जोल नहीं बढ़ा। जो दिखाई देता है, वह सतही है। आज तो स्थिति यह है कि वामपन्थियों का लगभग सफाया हो गया है।

क्या यह सच नहीं कि किसी दुर्घटना में जब लोग मरते हैं तो हिन्दू यह देखता है कि हिन्दू कितने मरे और मुसलमान कितने मरे ? उसे जब लगता है, मरनेवालों में मुसलमानों की संख्या हिन्दुओं से ज्यादा है तो उसे थोड़ी राहत मिलती है, सन्तोष होता है। यही बात मुसलमानों पर भी लागू होती है। सुनने-पढ़ने में यह बात भले ही कड़वी लगे पर मन में यह भावना रहती है, यह एक हकीकत है।

यहाँ एक और तथ्य विचारणीय है। जो लोग यह कहते हैं कि भारत में धर्म की जड़ें इतनी गहरी हैं कि इसे नकार कर राजनीति नहीं हो सकती, क्या वे यह नहीं जानते कि तमिलनाडु में ई.वी. रामास्वामी नायकर के नेतृत्व में द्रविड़ कषगम की स्थापना ही धर्म-विरोध को लेकर हुई थी और इससे निकली पार्टी डी.एम.के. सत्ता में आई ? भले ही बाद में डी.एम.के. व इससे निकली ए.आई.डी.एम.के. व अन्य छिटपुट दलों के नेताओं का धर्म के प्रति रुझान हुआ हो, परन्तु करुणानिधि आज भी सीना ठोककर स्वयं को नास्तिक कहते हैं। उनमें और चाहे जो भी कमियाँ हों, परन्तु धर्म और ईश्वर के नाम पर उन्होंने कभी समझौता नहीं किया। उनके अवसान के पीछे पारिवारिक भ्रष्टाचार है, न कि धर्म-विरोध।

कम्युनिस्ट चाहते तो इस प्रकार का प्रयोग कर सकते थे। उन्हें सफलता भी मिलती क्योंकि उनके साथ एक तो प्रतिबद्ध, आदर्शों के प्रति निष्ठावान कार्यकर्ताओं की बड़ी जमात थी; दूसरे, समता-न्याय पर आधारित समाज

की संरचना का एक सुस्पष्ट दर्शन भी था। पर न जाने क्यों बीहड़ पथ पर चलने के बजाय उन्होंने सुगम पथ पर चलना स्वीकार किया और इसके लिए कदम-कदम पर समझौते किए। परिणामस्वरूप सत्ता में भागीदारी तो मिली परन्तु साम्प्रदायिकता-विषमता के विरुद्ध लड़ाई अधूरी रही। परिणाम सामने है।

जो लोग धर्म पर आघात किए बिना धर्मनिरपेक्षता की बात करते हैं, उन्हें क्रान्तिकारी लेखक यशपाल की निम्नलिखित पंक्तियाँ देखनी चाहिए :

'नैतिकता का जन्म सेक्युलर, लोकपरक, सुव्यवस्था और सफलता की आवश्यकताओं से होता है। नैतिकता का लक्ष्य अध्यात्म और पारलौकिक नहीं होता, समाज के सब व्यक्तियों और समूहों को जीवन का अधिक से अधिक और समान अवसर देना होता है। जिस समाज में दूसरों के वैयक्तिक अधिकारों और हितों तथा समाज की सुव्यवस्था की उपेक्षा की जाती है और आध्यात्मिक और पारलौकिक चिन्तन से व्यक्तिगत जीवन ऊँचा उठाने का और नैतिक होने का विश्वास किया जाता है, उस समाज में व्यावहारिक नैतिकता शिथिल हो जाती है। हमारा समाज इसका उदाहरण है। हमारे संविधान को सेक्युलर मान लेना ही पर्याप्त नहीं, समाज के व्यक्तियों का दृष्टिकोण भी सेक्युलर अथवा लोकपरक होना चाहिए।'

हमारा दृष्टिकोण सेक्युलर या लोकपरक नहीं हो पाया। हम मनुष्य नहीं, हिन्दू, मुसलमान, सिख, ईसाई बने हुए हैं। यदि हम मनुष्य बन जाएँ तो साम्प्रदायिक प्रश्न अपने-आप समाप्त हो जाएँगे।

धर्मनिरपेक्षता मनुष्य-मनुष्य में फर्क नहीं करती। वह किसी अलौकिक, अज्ञात शक्ति की कृपा का मोहताज नहीं है। न वह यह स्वीकार करती है कि जो कुछ हो रहा है, उस सर्वशक्तिमान, सर्वव्यापी ईश्वर की मर्जी से हो रहा है और मनुष्य तो एक खिलौना है जो उसके इशारे पर नाचता है।

एक अजीब तर्क यह भी दिया जाता है कि ईश्वर ने मनुष्य को बुद्धि प्रदान कर इस धरती पर छोड़ दिया, अब यह व्यक्ति पर निर्भर है कि वह कैसा आचरण करे यानी भगवान की कोई भूमिका नहीं है।

जाति धर्मप्रदत्त अभिशाप है। जो जाति के नाम पर राजनीति करते हैं, वे इसे इसलिए बनाए रखना चाहते हैं ताकि ज्यादा से जयादा अपने स्वार्थ के लिए इसका दोहन किया जा सके। यही हो रहा है। विडम्बना यह है कि जाति

की राजनीति करनेवालों को धर्मनिरपेक्षता का झंडाबरदार बताया जाता है।

संविधान में प्रदत्त समानता के अधिकारों को अगर व्यवहार में लागू किया जाता तो आज आजादी के 65 वर्षों बाद क्या जाति-भेद की समस्या रहती? अगर प्रत्येक नागरिक को विकास का समान अवसर मिला होता, जिसका कि उल्लेख संविधान में है, तो क्या 65 वर्षों बाद भी लोग दलित, पिछड़े होते? पर उन्हें जाति की राजनीति के चूल्हे पर अपनी रोटी सेंकनी है, वे संविधान को तवज्जो ही क्यों देंगे?

संविधान की धारा 39 (क) व (ङ) के अनुसार, समान रूप से नर और नारी—सभी नागरिकों को जीविका के पर्याप्त साधन प्राप्त करने का अधिकार है।

श्रमिक पुरुषों और स्त्रियों का स्वास्थ्य और शक्ति तथा बालकों की सुकुमार अवस्था का दुरुपयोग न हो तथा आर्थिक आवश्यकता से विवश होकर नागरिकों को ऐसे रोजगारों में न जाना पड़े जो उनकी आयु या शक्ति के अनुकूल न हों।

संविधान की इन धाराओं का पालन हुआ होता और प्रत्येक नागरिक को बिना किसी भेदभाव के विकास के समान अवसर मिले होते, तो न तो अल्पसंख्यकों की कोई समस्या होती, न दलितों, पिछड़ों को आरक्षण की आवश्यकता होती।

अपनी ख़ामियों व अन्तर्विरोधों के बावजूद हमारा संविधान धर्मनिरपेक्ष है तथा न्याय व समता का आह्वान करता है। पर संविधान की कसमें खानेवालों ने संविधान के इस पक्ष की हमेशा उपेक्षा की। नतीजा सामने है।

धार्मिक सोच न केवल मनुष्य को किसी अज्ञात, अलौकिक शक्ति पर निर्भरशील या यों कहें कि उसका गुलाम बनाता है, वह मनुष्य को अतीतोन्मुखी सोच में जकड़ता है, जो उसकी प्रगति में बाधक होता है।

एक सामान्य उदाहरण देना उचित होगा। एक वक्त था जब हमारे देश में हिन्दुओं में चेचक को शीतला माता का प्रकोप माना जाता था। यह तो भला हो पश्चिम के उस वैज्ञानिक का जिसने इसका टीका निकालकर इस रोग से दुनिया को मुक्त किया वर्ना हम शीतला की पूजा में लगे होते और लोग चेचक से मरते होते।

हम दुनिया के तमाम धर्मप्रधान समाजों, धर्मप्रधान राष्ट्रों और धर्मनिरपेक्ष राष्ट्रों की तुलना में पिछड़े हैं। हम पश्चिम की चाहे जितना भी आलोचना करें

पर वहाँ मनुष्य को जीने की न्यूनतम सुविधा उपलब्ध है। वे विकास के हर क्षेत्र में भारत से आगे हैं। और तो और, नब्बे प्रतिशत वैज्ञानिक उपलब्धियाँ उसी की देन हैं, जिनका सारी दुनिया लाभ उठा रही है।

दरअसल विगत साठ वर्षों में धर्मनिरपेक्षता का केवल ढिंढोरा पीटा गया। इस शब्द का मात्र नारेबाजी व लफ्फाजी के रूप में प्रयोग किया गया। एक तरफ साम्प्रदायिक तत्त्वों से दो-दो हाथ कर लेने की कसमें खाई गईं, दूसरी तरफ उन्हीं ताकतों से हाथ भी मिलाया गया। 1967 में संयुक्त विधायक दल की कई राज्यों में बनी सरकारों में जनसंघ व वामपन्थी शामिल हुए। यही भूल 1977 में दोहराई गई। 1989 में पुनः धर्मनिरपेक्षता के झंडाबरदार व दलितों, पिछड़ों के मसीहा विश्वनाथ प्रताप सिंह भी इन्हीं की मदद से केन्द्र में प्रधानमंत्री बने तथा जब तक उनका समर्थन रहा, बने रहे। विश्वनाथ प्रताप सिंह भाजपा के समर्थन से प्रधानमंत्री बने पर जब उससे खटक गई तो अपना वोट-बैंक बनाने के लिए घोर जातिवादी मंडल का कार्ड खेला और मुसलमानों का समर्थन लेने के लिए पैगम्बर मुहम्मद के जन्मदिन पर राष्ट्रीय अवकाश घोषित किया एवं पुरातत्त्व विभाग द्वारा संरक्षित मजिस्दों में पहली बार नमाज़ पढ़ने की इजाजत दिलवाई। जामा मस्जिद, जिसकी अच्छी-खासी आय है और इमाम बुखारी परिवार का कब्जा है, की मरम्मत के लिए सरकारी खजाने से भारी रकम दी। यह विडम्बना ही है कि ऐसे व्यक्ति को आज धर्मनिरपेक्षता के झंडाबरदार के रूप में पूजा जा रहा है।

इसी प्रकार अलीगढ़ मुस्लिम यूनिवर्सिटी में मुस्लिम सम्प्रदाय के लोगों के लिए 50 प्रतिशत के आरक्षण का प्रावधान धर्मनिरपेक्षता की जड़ों पर कुठाराघात करता है और हिन्दुत्ववादी शक्तियों को ऊर्जा देता है। उचित तो यह होता कि अलीगढ़ और बनारस की यूनिवर्सिटियों के नाम से 'मुस्लिम' और 'हिन्दू' शब्द निकाल दिए जाते। धर्मनिरपेक्ष राष्ट्र में धर्म, सम्प्रदाय और जाति के नाम पर कम से कम शिक्षण संस्थाओं के नाम नहीं होने चाहिए।

साम्प्रदायिकता के विरुद्ध चलाए जा रहे अभियान में 'सहमत' की महत्त्वपूर्ण भूमिका रही है। इसने धर्मोन्मादियों, साम्प्रदायिक तत्त्वों पर निर्मम होकर प्रहार तो किया, परन्तु दोहरी मानसिकता के शिकार होने से स्वयं को बचा नहीं पाए। बाबरी मस्जिद कांड के फौरन बाद राम को लेकर इन्होंने राष्ट्रव्यापी प्रदर्शन का आयोजन किया। इस प्रदर्शनी में इन्होंने जातक-कथा के इस प्रसंग

का भी उल्लेख किया कि राम और सीता भाई-बहन थे, जो विवाह-सूत्र में बँधे। जहाँ तक तथ्य का प्रश्न है, यह बात सही है परन्तु क्या पैगम्बर या कुरान से सम्बन्धित किसी विवादित प्रसंग को लेकर प्रदर्शनी करने का साहस इनमें है? अभी तक तो इनका ऐसा साहस दिखाई नहीं दिया। जाहिर है, संगठन का यह दोहरा चरित्र हिन्दू साम्प्रदायिकता को पुष्ट करेगा और मुस्लिम साम्प्रदायिकता को तुष्ट। और यही हो रहा है।

यह भी एक विडम्बना है कि भारतीय बुद्धिजीवियों का एक तबका अपने अधकचरे मूल्यांकन के आधार पर अल्लामा इक़बाल को तो प्रगतिशील मानकर विश्वविद्यालयों में इक़बाल चेयर की स्थापना करता है और वीर सावरकर को विशुद्ध साम्प्रदायिक करार देकर मुख़ालफ़त करता है जबकि सच्चाई यह है कि जीवन के शुरुआती दौर में भी इक़बाल और सावरकर दोनों ही प्रगतिशील थे। सावरकर तो उन दिनों नास्तिक थे, तब उनके साम्प्रदायिक होने का तो सवाल ही नहीं था। जीवन के उत्तरार्द्ध में दोनों की सोच में आमूल परिवर्तन आया और दोनों की सोच साम्प्रदायिकता से प्रभावित नज़र आई। सावरकर ने 1923 में 'हिन्दुत्व' शब्द का आविष्कार करते हुए घोर हिन्दूवादी, मुस्लिम-विरोधी सोच को देश में स्थापित करने की चेष्टा की और इक़बाल ने 1930 में मुस्लिम लीग के लखनऊ अधिवेशन में धर्म के आधार पर पाकिस्तान के गठन की अवधारणा पहली बार अपने अध्यक्षीय भाषण में प्रस्तुत की। इन्हीं इक़बाल ने वैन इस्लामिक (अखिल इस्लाम) सिद्धान्त का सक्रिय रूप से समर्थन किया।

साम्प्रदायिक तत्त्व केवल संघ-परिवार तक सीमित नहीं हैं। इनकी अच्छी-खासी घुसपैठ धर्मनिरपेक्ष कहलानेवाले दलों में भी है। यहाँ तक कि वामपन्थी दलों में भी ऐसे कुछ तत्त्व मिल जाएँगे, भले ही उनकी संख्या फिलहाल नगण्य-सी हो। धर्मनिरपेक्षता को लेकर पार्टियों से जुड़े इस खेमे के लेखकों का दोहरा रवैया रहा है। हिन्दू धर्म, इसके कर्मकांडी रूप, इसके देवी-देवताओं एवं रूढ़ियों पर बातों से तो चोट की गई, पर व्यवहार में लागू नहीं किया गया। इस्लाम व मुसलमान के प्रश्न पर सीधी आलोचना से न केवल बचने की चेष्टा की गई बल्कि कई मामलों में मुस्लिम सम्प्रदाय की कट्टरता के बचाव तक की चेष्टा की गई।

मसलन कुरान में एक पुरुष को चार विवाह की अनुमति देते हुए कहा

गया है कि अगर वह सभी पत्नियों के प्रति समान रूप से स्नेहशील रहे तो एक साथ चार पत्नियाँ रखने की इजाज़त है। इस अहम मुद्दे की आलोचना के बजाय यह कहा जाता है कि मुसलमानों से ज्यादा हिन्दू एक से अधिक पत्नियाँ रखते हैं। प्रश्न यह नहीं है कि मुसलमान एक से ज्यादा पत्नी रखता है या नहीं। प्रश्न यह है कि इस्लाम में पुरुषों को चार पत्नियाँ रखने का अधिकार कहाँ तक न्यायोचित है?

यहाँ यह उल्लेख करना प्रासंगिक होगा कि 1955 में हिन्दू कोड बिल पारित होने से पहले हिन्दू समाज में बहुपत्नी प्रथा धर्मसम्मत थी। पर इस बिल के अन्तर्गत बहुपत्नी प्रथा को कट्टरपन्थियों के कड़े विरोध के बावजूद गैरकानूनी करार कर दिया गया। इसका लाभ समग्रता में हिन्दू समाज को और हिन्दू स्त्रियों को विशेष रूप से मिला। लेकिन मुस्लिम समाज की स्त्रियाँ आज भी इस असमानतापूर्ण प्रथा को भुगत रही हैं।

मुस्लिम समाज में यही स्थिति तलाक को लेकर है। पति द्वारा एक साथ तीन बार 'तलाक' शब्द का प्रयोग करने से ही तलाक हो जाता है। कोई लाख कहे, यह धर्मसम्मत नहीं, पर मुस्लिम पर्सनल लॉ धर्म की आड़ में इस तरह के तलाक को सहमति देता है और इसे न्यायालय में चुनौती नहीं दी जा सकती। शाहबानो ने चुनौती देने का दुस्साहस किया तो अन्ततः उसे कट्टरवादियों के सामने घुटने टेकने पड़े। और तो और, 1987 में संविधान में जो संशोधन हुआ, उसका खामियाज़ा मुस्लिम समाज की महिलाओं को भुगतना पड़ा।

हिन्दू कोड बिल में और चाहे जो ख़ामी हो, वह पुरुष एवं स्त्री को तलाक का समान अधिकार देता है जो इस्लाम में या मुस्लिम पर्सनल लॉ में नहीं है। यह विडम्बना ही है कि इस्लामिक देश पाकिस्तान में और मुस्लिम बहुल बांग्लादेश में तीन तलाक की इजाज़त नहीं है, पर धर्मनिरपेक्ष भारत में है।

इसी तरह जब औरंगज़ेब की धार्मिक कट्टरता की आलोचना की जाती है तो वामपन्थी इतिहासकार यह बताने की चेष्टा करते हैं कि वह मन्दिरों को भी दान देता था। सीधी-सी बात है कि औरंगज़ेब एक कट्टर तानाशह था जिसे मौलवियों का समर्थन प्राप्त था। उसने शियाओं पर कम अत्याचार नहीं किया। इतना ही नहीं, पैगम्बर मोहम्मद व कुरान-शरीफ पर कलम चलाते वक्त अतिरेक की हद तक इस बात का खयाल रखा जाता है कि कहीं मुसलमानों की भावना आहत न हो जाए। परिणाम यह हुआ कि धर्म के

सवाल पर मुस्लिम सम्प्रदाय को इस हद तक संवेदनशील बना दिया गया है कि वह कुरान-शरीफ, शरियत और पैगम्बर मोहम्मद से बाहर कुछ सुनने-समझने को प्रायः तैयार नहीं होता। पाकिस्तान के लाहौर शहर में इस लेखक ने सड़क चौड़ी करने के लिए मस्जिद को तोड़े जाते हुए देखा, परन्तु भारत जैसे धर्मनिरपेक्ष राष्ट्र में यह सम्भव नहीं है। हालाँकि कट्टरपन्थियों ने पाकिस्तान का बेड़ा गर्क कर रखा है।

धर्मनिरपेक्षता के किसी पक्षधर ने आज तक यह बात जोर देकर नहीं कही कि विकास के मार्ग में बाधक किसी भी सम्प्रदाय के धर्मस्थल को बर्दाश्त नहीं किया जाना चाहिए, चाहे वह मन्दिर हो या मस्जिद या कुछ और। इस अतीतोन्मुखी मानसिकता ने मुस्लिम समाज का अहित ही किया है। वह जीवन के लगभग हर क्षेत्र में हिन्दुओं के मुक़ाबले न केवल पिछड़ता चला गया बल्कि आधुनिक मूल्यबोध और मुख्यधारा से कटता चला गया।

एक हिन्दू अगर चोटी, चन्दन रखता, लगाता है, मन्दिर में घंटा-घड़ियाल बजाता है तो वह पम्परावादी, दकियानूस, कट्टर है, पर कोई मुसलमान मुल्लानुमा दाढ़ी रखता है, नमाज़, गोल टोपी पहनता है, रोज़े रखता है, कुरान-शरीफ का पाठ करता है तो वह इसलिए प्रगतिशील हो जाता है कि वह इनके साथ मंच पर बैठता है ? इस दोहरे मापदंड को इधर के प्रगतिशील लेखकों, चिन्तकों ने अपनाया। राम, कृष्ण, गीता, पुराण, रामायण पर तो आलोचनात्मक कलम चलाई, पर पैगम्बर मोहम्मद या कुरान का जब-जब प्रश्न उठता है तो साँप सूँघ जाता है। जाहिर है, यह चुप्पी मुस्लिम सम्प्रदाय की धर्म के प्रति संवेदनशीलता को बढ़ाती है, जो न मुस्लिम सम्प्रदाय के हित में है, न ही धर्मनिरपेक्षता के। इसका दोष मुस्लिम सम्प्रदाय को नहीं बल्कि इसके नेतृत्व और कुछ हद तक धर्मनिरपेक्षतावादियों को जाता है जिन्होंने इस संवेदनशीलता को बनाए रखने तथा इसे मजबूत करने में परोक्ष या प्रत्यक्ष मदद की। धर्मनिरपेक्षता व साम्प्रदायिकता पर जब चर्चा हो तो इन तथ्यों की उपेक्षा नहीं की जानी चाहिए।

धार्मिक ग्रन्थों और परम्पराओं को अनालोच्य करार देना लोगों की अभिव्यक्ति की स्वतंत्रता पर कुठाराघात है। जबकि धार्मिक ग्रन्थों में प्रतिपादित अन्धविश्वासों पर चोट करना आवश्यक है, क्योंकि ऐसा किए बिना विज्ञान व विवेकपरक मानसिकता नहीं गढ़ी जा सकती। इस मसले में तमाम धर्मों

पर समान दृष्टि से विचार करने की जरूरत है। इसमें किसी धर्म को रियायत देना धर्मनिरपेक्षता के उसूलों के विपरीत होगा। लेकिन व्यावहारिक रूप में हम पाते हैं कि रियायत देने की यह गड़बड़ी हमारे यहाँ रही है।

अमृत राय ने लिखा है : एक अजीब तरह का डबल थिंक और डबल टॉक देखने में आता है। अपने ऐसे कितने ही वामपन्थी दोस्तों को जानता हूँ जो अपने दिल से अच्छी तरह समझते हैं और आपस में स्वीकार भी करते हैं कि हिन्दू साम्प्रदायिकता की ही तरह मुस्लिम साम्प्रदायिकता भी सच्चाई है जिसकी ओर से आँख नहीं मूँदी जा सकती, लेकिन पब्लिक तौर पर यह बात कहने में उनकी ज़बान अटकती है क्योंकि जाने कैसे उन्होंने यह समझ लिया है कि मुस्लिम साम्प्रदायिकता की बात कहना हिन्दू साम्प्रदायिकता है?' ('साम्प्रदायिकता का सवाल' से)

यह बात उन्होंने 17 अगस्त, 1968 में 'मुक्तधारा' में छपे लेख में कही थी। राय की यह बात आज भी प्रगतिशील वामपन्थी चिन्तकों-विचारकों, लेखकों पर हू-ब-हू लागू होती है।

इस दोहरे रवैये ने धर्मनिरपेक्षता को हास्यास्पद ही नहीं बनाया, हिन्दुत्ववादी बर्बर, धर्मोन्मादियों को यह कहने का मौका भी दिया कि वामपन्थियों की धर्मनिरपेक्षता छद्म है। क्या विडम्बना है कि आज़ादी के पहले और उसके तुरन्त बाद तक प्रगतिशील रचनाकारों का साहित्यकाश में वर्चस्व था। वे अपने व्यक्तित्व व कृतित्व के माध्यम से विवेकशील, आर्थिक-सामाजिक न्याय व समता की वकालत करते थे तथा धर्मान्धता, अन्धविश्वास, रूढ़िग्रस्त मानसिकता पर निर्मम होकर प्रहार करते थे। उनकी रचनाओं का विशाल पाठकवर्ग न केवल उनकी कृतियों को चाव से पढ़ता था बल्कि उनके द्वारा प्रतिपादित विचारों का यथासम्भव अनुकरण करने की चेष्टा भी करता था। इन रचनाकारों की अग्रिम पंक्ति में प्रेमचन्द, नज़रुल इस्लाम, राहुल सांकृत्यायन, शरत्चन्द्र, सआदत हसन मंटो, सज्जाद ज़हीर, इस्मत चुगताई, यशपाल, रांगेय राघव, पांडेय बेचन शर्मा उग्र, देबी प्रसाद चट्टोपाध्याय, राही मासूम रज़ा आदि अनेक नाम उल्लेखनीय हैं।

इन रचनाकारों ने अपनी कलम के प्रहार से हिन्दू, मुसलमान, सिख, ईसाई—किसी को नहीं बख्शा। इसीलिए उस काल में समाज में बदलाव की जबर्दस्त प्रक्रिया देखने को मिलती है।

एक वक्त था जब प्रगतिशील लेखक संघ की अग्रिम पंक्ति में, यहाँ तक कि इसके संस्थापकों में मुस्लिम लेखक, बुद्धिजीवी बहुतायत में थे। आजादी के बाद उनमें न केवल कमी आई बल्कि समाज पर उनकी पकड़ दिन-प्रतिदिन ढीली होती चली गई। अब तो स्थिति यह हो गई है कि अपवाद को छोड़कर धर्म की नुक्ताचीनी करने का साहस नहीं के बराबर रह गया है। धर्म के प्रश्न पर ऐसी भीरुता पूरे समाज को अतीतोन्मुखी मानसिकता से ग्रस्त किए हुए है।

दरअसल धर्मनिरपेक्षता कोई नारा नहीं, न ही केवल किताबी ज्ञान है, यह तो एक जीवन-पद्धति है जो धर्म-ईश्वर से ऊपर मनुष्य को सर्वोपरि मानती है। इसमें उदारता और सहिष्णुता है तथा 'जियो और औरों के जीने में सहभागी बनो' के सिद्धान्त का प्रतिपादन करती है। धर्मनिरपेक्षता में धार्मिक कर्मकांड और धर्मान्धता का कोई स्थान नहीं क्योंकि कर्मकांड और धर्मान्धता से कट्टरता और हिंसा पैदा होती है जो कहीं आतंकवाद तो कहीं हिन्दुत्ववादी बर्बरता का रूप लेती है।

भारत जैसे बहुधर्मी, बहुभाषी व विशाल संस्कृति के देश की एकता का आधार कोई धर्म नहीं, धर्मनिरपेक्षता ही हो सकती है। पर अगर इसके साथ सामाजिक, आर्थिक न्याय व समता को शामिल न किया जाए तो धर्मनिरपेक्षता अपने-आपमें बेमानी है।

समाज में जब तक धर्म का वर्चस्व व आधिपत्य रहेगा, साम्प्रदायिकता रहेगी और समय-समय पर यह ज्वालामुखी के लावे की तरह फूटती रहेगी तथा मानवता को अपना ग्रास बनाती रहेगी। साम्प्रदायिकता धर्म से उपजी एक ऐसी समस्या है, जो सदियों से चली आ रही है। धर्म पर प्रहार किए बिना साम्प्रदायिकता से नहीं लड़ा जा सकता। इतिहास इसका साक्षी है, हमें इससे सबक लेना चाहिए। धर्मनिरपेक्ष मानसिकता के कारण ही आज पश्चिम के देशों में, करोड़ों की संख्या में, प्रवासियों को बराबरी का दर्जा मिला हुआ है। बिना किसी भेदभाव के वे वहाँ की नागरिकता हासिल कर संविधान में प्रदत्त तमाम सुख-सुविधा व अन्य अधिकारों, जिनमें उनके धार्मिक अधिकार भी शामिल हैं, का उपभोग कर रहे हैं, जो उन्हें स्वयं अपने देश में उपलब्ध नहीं थे। क्या किसी धार्मिक राज्य में, विशेशकर मध्य-पूर्व के देशों में, यह सोचा भी जा सकता है?

यह सही है कि हर धार्मिक व्यक्ति उन्मादी या कट्टर नहीं होता पर इस बात की कोई गारंटी नहीं कि वह कभी कट्टर या उन्मादी नहीं होगा, क्योंकि धर्म की जड़ों में कहीं न कहीं कट्टरता व उन्माद के बीज हैं।

पिछली सदी के छठे दशक से धर्मनिरपेक्षता में आए क्षरण से जो स्थान खाली हुआ, उसे साम्प्रदायिकता ने भरा। धर्मनिरपेक्षता के प्रबल पक्षधर जवाहरलाल नेहरू की मृत्यु तथा कम्युनिस्ट आन्दोलन का कमजोर पड़ना इसकी मुख्य वजहें रहीं। आज़ादी के बाद के पहले दौर में सामाजिक-आर्थिक न्याय पर आधारित देश के नवनिर्माण की जो उत्कट लालसा लोगों में थी, उसका स्थान सत्तालोभी, अवसरवादी राजनीति ने लिया और यहीं से भ्रष्टाचार की गंगा प्रवाहित हुई। समाजवाद का सपना, सपना भी नहीं रहा। लोगों का ध्यान समाजवादी समाज के लक्ष्य से हटाकर जाति और साम्प्रदायिकता की ओर मोड़ दिया गया। चुनाव की राजनीति का एकमात्र लक्ष्य किसी भी रणनीति और कूटनीति के सहारे किसी भी कीमत पर सत्ता हथियाना और अगर सत्ता नहीं तो विरोध में रहते हुए भी अधिक से अधिक सुख-सुविधा प्राप्त करना हो गया। नतीजा यह हुआ कि देश में व्यापारी, उद्योगपति और नौकरशाहों के साथ-साथ राजनीतिक नेतृत्व आम आदमी की कीमत पर सम्पन्न-समृद्ध होता गया।

साम्प्रदायिकता के लिए केवल मात्र संघ परिवार को दोष देना, अपनी जिम्मेवारी से मुँह मोड़ना है। यह सवाल बिलकुल वाजिब है कि संघ परिवार यदि साम्प्रदायिकता फैलाता रहा, तो आप क्या करते रहे? अल्पसंख्यक वर्ग की साम्प्रदायिकता की उपेक्षा या वोट पाने के लिए उसका परोक्ष पृष्ठपोषण कर क्या संघ परिवार के हाथ मजबूत नहीं किए गए?

राजनीति के साम्प्रदायिक ध्रुवीकरण का ही यह परिणाम है कि देश में, एकाध अपवाद को छोड़कर, पश्चिम बंगाल, केरल सहित सभी राज्यों में मुस्लिम बहुल क्षेत्र से मुस्लिम तथा हिन्दू बहुल क्षेत्र से हिन्दू प्रत्याशी खड़े किए जा रहे हैं। और इस अपराध में सभी दल शामिल हैं।

2002 में हुए गुजरात के दंगे में गुजरात के प्रशासन की भूमिका रही, पर क्या इसके लिए विगत तीन दशकों से ज़मीन तैयार नहीं हो रही थी? गुजरात, जो कभी कांग्रेस का गढ़ होता था, वह संघ परिवार का गढ़ कैसे बन गया? वामपन्थियों व प्रगतिशील तत्त्वों की क्या भूमिका रही? संघ परिवार के शासन

में आने से काफी पहले क्या अहमदाबाद दंगों के शहर में परिणत नहीं हो गया था? इन दंगों में हिन्दू व मुस्लिम दोनों ही सम्प्रदायों के कट्टरपन्थी धर्मोन्मादी तत्त्व शामिल थे। तीन दशकों से व्यापारिक रिश्तों को छोड़कर हिन्दू-मुसलमान के बीच स्पष्ट विभाजन रेखा खिंच रही थी। यहाँ तक कि एक साथ काम कर रहा मजदूर वर्ग भी साम्प्रदायिक आधार पर बँट गया था। इसका शर्मनाक पक्ष यह है कि तीस वर्षों की अवधि में धर्मनिरपेक्षतावादियों की भूमिका बहुत ही नकारा रही। नरसंहार के बाद इन तत्त्वों में स्थानीय व राष्ट्रीय स्तर पर जो चुस्ती दिखाई दी, काश, तीस वर्षों तक लगातार चल रहे तनाव और टकराव के दौरान उसका दशमांश भी रहा होता! गुजरात के दंगों को लेकर भले ही प्रतिवाद हुआ हो, किन्तु जनमानस पर उसका कोई विशेष प्रभाव नहीं पड़ा। एक सोची-समझी साजिश के तहत हिन्दुत्ववादियों ने गुजरात में हिन्दू और मुसलमानों के बीच एक ऐसी सीमा-रेखा खींचकर दूरी पैदा कर दी, जिसे निकट भविष्य में पाटना असम्भव-सा लगता है। गुजरात को एक प्रयोगशाला के रूप में प्रयोग किया गया। वही रणनीति देश के अन्य भागों में भी अपनाई जा रही है। अभी तक तो यह देखा गया है कि धर्मनिरपेक्ष शक्तियाँ इनके सामने बौनी साबित हो रही हैं।

भारतीय संस्कृति का आधार, धर्मप्रधान देश होते हुए भी, धर्मनिरपेक्ष रहा है। तभी तो विभिन्न धर्मावलम्बियों को यहाँ शरण मिली और उन्हें फलने-फूलने का अवसर मिला। आज धार्मिक-सम्प्रदायों के बीच जिस तरह से विभाजन रेखा खींची जा रही है, उसके लिए निश्चित रूप से धर्मनिरपेक्ष शक्तियाँ भी उत्तरदायी हैं।

समान नागरिक आचार संहिता के प्रश्न को ही लीजिए। संविधान की धारा 44 कहती है कि भारत के समस्त राज्य क्षेत्र में नागरिकों के लिए राज्य एक समान व्यवहार-संहिता प्राप्त कराने का प्रयास करेगा। लेकिन 65 वर्षों तक इस दिशा में कोई प्रयास नहीं किया गया जबकि यह एक विशुद्ध धर्मनिरपेक्ष मुद्दा था जिसकी व्यवस्था धर्मनिरपेक्ष संविधान निर्माता डॉ. अम्बेडकर और जवाहरलाल नेहरू सरीखे व्यक्तियों ने दी थी। एक दिन अचानक जब संघ परिवार ने इस मुद्दे को हाइजैक कर लिया तो धर्मनिरपेक्ष खेमे में खलबली मच गई और इस मुद्दे को ही साम्प्रदायिक मुद्दा करार दिया गया। इसे दोहरा मापदंड नहीं तो क्या कहेंगे?

'जो बोले सो निहाल' फिल्म को लेकर जो कुछ हुआ, उससे हमें सबक लेना चाहिए। शिरोमणि गुरुद्वारा कमेटी ने यह फतवा दिया कि चूँकि फिल्म का नाम सिखों के धार्मिक जयकारे पर है, इसलिए यह नाम रखकर सिखों की धार्मिक भावना के साथ खिलवाड़ किया गया है। फतवे में यह भी कहा गया कि भविष्य में किसी भी फिल्म में अमृतधारी सिख की भूमिका अमृतधारी सिख ही अदा करे। इसको लेकर पंजाब में फिल्म के विरुद्ध हिंसक प्रदर्शन हुए तथा जिसकी परिणति नई दिल्ली के दो सिनेमाघरों में हुए बम विस्फोटों में हुई जिसमें कई निर्दोष मारे गए और घायल हुए। कोई पूछे कि क्या यह सब सिख धर्म के अनुकूल हुआ, जो कि अपने-आपको सबसे अधिक मानवतावादी, उदार और सहिष्णु होने का दावा करता है?

इस प्रकरण का सबसे सुखद और लज्जास्पद पक्ष यह रहा कि देश के धर्मनिरपेक्ष, प्रगतिशील बुद्धिजीवियों ने सारे प्रकरण पर आपराधिक चुप्पी साधे रखे। शिवसेना या बजरंग दल ने यह हरकत की होती तो इन्हीं बुद्धिजीवियों ने हड़कम्प मचा दिया होता।

यह सवाल प्रासंगिक है कि सिख सम्प्रदाय, जिस पर कभी धर्मनिरपेक्षों तथा वामपन्थियों का गहरा असर था, साम्प्रदायिकता और फिर आतंकवाद की चपेट में कैसे आ गया?

1984 के सिखों के नृशंस नरसंहार की पृष्ठभूमि क्या भिंडरांवाला के उदय, हिन्दुओं पर हमले, खालिस्तान की माँग (जिसकी परिणति ब्लू स्टार कांड व इन्दिरा गांधी की उन्हीं के सिख रक्षकों द्वारा धार्मिक उन्माद में की गई हत्या में हुई) से नहीं बनी थी? जब स्वर्ण मन्दिर व पंजाब के कई प्रमुख गुरुद्वारे आतंकवादियों के गढ़ में तब्दील हो गए तथा वहाँ से भारत विरोधी व हिन्दू विरोधी हिंसात्मक अभियान चले, बसों से उतारकर हिन्दुओं की हत्या हुई, 'पंजाब केसरी' के दो सम्पादकों की हत्या की गई तब धर्मनिरपेक्ष तत्त्व कहाँ थे? सफदर हाशमी, गुरशरण सिंह और पाश जैसे कुछ लोगों ने अपने ढंग से जरूर इन चुनौतियों का सामना किया, परन्तु ये नाकाफी थे। दूसरी ओर खुद को धर्मनिरपेक्षता का पैरोकार बतानेवाली कांग्रेस के कुछ नेताओं ने, खासकर दिल्ली में, 1984 में सिख विरोधी दंगों का नेतृत्व किया, जिससे कांग्रेसी धर्मनिरपेक्षता की सीमाएँ स्पष्ट हो गईं। आज पंजाब में शान्ति है, पर सिख धर्मोन्माद बरकरार है। इस धर्मोन्माद को स्वर्ण मन्दिर गुरुद्वारा से

अकाली दल के संरक्षण में बल मिलता है, जिसे सभी राजनीतिक दल या तो हवा दे रहे हैं या चुप रहकर फलने-फूलने का अवसर दे रहे हैं।

भारतीय राजनीति के दोहरेपन की पराकाष्ठा यह है कि जिन आतंकवादियों ने लाला जगतनारायण, इंन्दिरा गांधी, बेअन्त सिंह तथा अनेक निर्दोष हिन्दू व सिखों की हत्याएँ कीं, उन्हें 'शहीद' का दर्जा देकर गुरुद्वारों में उनके कीर्तिस्तम्भ बनवाए जा रहे हैं जबकि खुद को घोर राष्ट्रवादी बतानेवाली भारतीय जनता पार्टी इन तत्त्वों के साथ पंजाब की साझा सरकार में शामिल है।

आज सबसे भयावह स्थिति यह है कि हिन्दू सम्प्रदाय का एक बड़ा तबका, जो अन्य सम्प्रदायों की तुलना में प्रगतिशील, सहिष्णु रहा है, आज धर्मोन्माद की चपेट में है। भले ही ये लोग सीधे दंगों में भाग न लेते हों, मुखर न हों पर यह मानसिकता तो बनती ही जा रही है कि हिन्दू बहुल भारत में हिन्दुओं की कीमत पर मुसलमानों का तुष्टीकरण किया जा रहा है। इस सम्प्रदाय का शिक्षित वर्ग भी मुसलमानों को सन्देह की दृष्टि से देखने लगा है।

हिन्दू सम्प्रदाय में जो सहिष्णुता है, उसकी वजह लगभग दो सौ वर्षों से इस सम्प्रदाय में सुधार की निरन्तर चलती प्रक्रिया है। आर्यसमाज, ब्रह्म समाज, प्रार्थना समाज, सत्यशोधक मंडल आदि संगठनों का प्रादुर्भाव इसी प्रक्रिया का नतीजा है। रूढ़िग्रस्त धार्मिक परम्पराओं और धार्मिक रीति-रिवाजों पर इन संगठनों के प्रणेताओं ने प्रहार किए जिसके फलस्वरूप समाज में बदलाव आया। हालाँकि इसकी गति बहुत धीमी रही। दूसरे, आधारभूत अपेक्षित परिवर्तन होना भी अभी बाकी है जैसा कि पश्चिम में नवजागरण के तहत देखने को मिलता है। पर मुस्लिम सम्प्रदाय की तुलना में हिन्दू सम्प्रदाय में आए परिवर्तनों के दूरगामी प्रभाव देखने को मिलता है। आज़ादी के बाद हिन्दू कोड बिल का पारित होना और उसका लागू होना, उसी प्रक्रिया का हिस्सा है जिसे कट्टरवादियों के विरोध के बावजूद समाज ने सहर्ष स्वीकार किया। इन सबका एक परिणाम यह हुआ कि जीवन के विभिन्न क्षेत्रों में यह समाज उन्नत व विकसित हुआ।

लेकिन विगत बीस-पच्चीस वर्षों में चक्का उलटा घूमा है। हिन्दू सम्प्रदाय में धर्मोन्माद पैदा करने में संघ-परिवार को आशातीत सफलता मिली है। यहाँ भी धर्मनिरपेक्ष, प्रगतिशील तत्त्व अपनी जिम्मेवारी से बच नहीं सकते। संघ परिवार ने जहाँ-जहाँ भी साम्प्रदायिकता की प्रयोगशाला स्थापित की,

धर्मनिरपेक्ष-प्रगतिशील तत्त्व अपने ही कारणों से हाशिए पर चले गए। गुजरात इसका प्रमुख उदाहरण है।

पिछले पच्चीस वर्षों में धर्म के प्रति लोगों का रुझान और अनुराग बड़ी तेजी से बढ़ा है। धार्मिक उत्सव, भजन, कीर्तन, प्रवचन एवं धार्मिक पुस्तकों के प्रकाशन में बेशुमार वृद्धि हुई है। दुर्गापूजा, गणेश चतुर्थी, गुरुओं के शहीदी दिवस, जयन्तियाँ, ईद-बकरीद, मोहर्रम के त्योहार बड़े जोशो-खरोश और तामझाम के साथ व्यापक पैमाने पर मनाए जाने लगे हैं।

हर वर्ष दो करोड़ के आसपास काँवड़िए मीलों पैदल चलकर जल चढ़ाते हैं। धर्म का यह प्रदर्शन निस्सन्देह विकृत मानसिकता की उपज है। इस पर सही ढंग से शोध किया जाए तो यह तथ्य सामने आएगा कि मानव-संसाधन और लाखों-करोड़ों का उपयोग देश के निर्माण में खर्च होता तो न कोई भूखा रहता, न बेघरबार।

इसके साथ ही चौबीसों घंटे चलनेवाले दर्जनों धार्मिक चैनल लोकप्रियता के चरम शिखर पर हैं। अन्धविश्वास, अन्ध-आस्था का धर्म के नाम पर धड़ल्ले से प्रचार-प्रसार हो रहा है। हर सम्प्रदाय इस अन्धी दौड़ में एक-दूसरे को पछाड़ने की चेष्टा में लगा है। विभिन्न सम्प्रदायों के बीच टकराव एवं संवादहीनता बदस्तूर जारी ही नहीं है, बल्कि उसमें इजाफा हो रहा है।

यह कोई शुभ लक्षण नहीं है। हमें समझना होगा कि समाज को अन्धी गली में ले जानेवाली धार्मिकता कट्टरवाद को ऊर्जा देती है।

हमें तय करना होगा कि हमारी प्राथमिकता धर्म है या रोजी, रोटी, शिक्षा, चिकित्सा जिससे आबादी का बड़ा हिस्सा वंचित है?

# अन्ध-आस्था धर्मान्धता

अन्धविश्वास व्यक्तिगत मामला नहीं है। अगर कोई व्यक्ति अन्धविश्वासी है तो यह अवधारण उस तक सीमित नहीं रहती। इसका प्रभाव उसके परिवार और समाज पर पड़ता है। इस प्रश्न पर सामाजिक स्तर पर बहस होनी आवश्यक है।

अन्धविश्वास की मात्रा जिस समाज में ज्यादा है, वह प्रगति की होड़ में उतना ही पीछे है। मनुष्य स्वभाव से विकासशील प्रकृति का होता है, पर विकास की प्रक्रिया का मार्ग सुगम नहीं है, यह कई अवरोधों से होकर गुजरता है। जो समाज अवरोधों को दूर कर आगे बढ़ने में सक्षम होता है, वह विकास के पथ पर अग्रसर होता है।

विकास का अर्थ है—अतीत से सबक लेकर वर्तमान को समृद्ध करते हुए भविष्य की सुदृढ़ नींव रखना। इसमें रूढ़िवाद और जड़ता से मुक्ति निहित है।

नवजागरण की अवधारणा इसी विकास की प्रक्रिया को ठोस स्वरूप देते हुए समाज को आगे की ओर ले जाने की है।

अस्मिता और पहचान के नाम पर अतीत से चिपके रहने का अर्थ है—आप जहाँ थे, वहीं रहें और नई खोजों, नई उपलब्धियों और नए ज्ञान से वंचित रहें।

हमारे देश में ऐसे उपदेशकों की कमी नहीं जो अपने जीवन में आज की हर सुख-सुविधा का उपभोग करते हैं, लेकिन अपने प्रवचन में केवल अतीत का गुणगान करते हैं और विज्ञान की उपलब्धियों का परिहास करते हुए इस भौतिक संसार को निरी माया बतलाकर लोगों को इसकी बजाय परलोक की चिन्ता करने का उपदेश देते हैं।

वे खुद हवाई जहाज, वातानुकूलित आवास, मर्सीडीज गाड़ी आदि का

उपयोग करते हैं; फोन, फैक्स का लाभ उठाने से इन्हें परहेज नहीं है, पर कहेंगे—क्या स्वर्णिम अतीत था जब ऋषि-मुनि जंगल में तप-साधना से स्वयं एवं मानव-जाति का उपकार करते थे! कोई पूछे उनसे कि आज आपको ऐसा करने से किसने रोका है? क्या जंगल नहीं रहे? प्रकृति की गोद छोड़ आप क्यों शहरों की ओर भागे चले आ रहे हैं?

जवाब मिलेगा—भूले-भटकों, गुमराहों को रास्ता दिखाने!

आपके सैकड़ों वर्षों के प्रयास का क्या नतीजा निकला? समस्त मानवता की बात छोड़िए, क्या अपने शिष्यों या भक्तों की मंडली को भी सही रास्ते पर ला पाए? देवभूमि भारत में भटकाव का शिकार बननेवालों या गुमराह होनेवालों की तादाद में कमी हुई या इजाफा हुआ?

वे इसके जवाब में भी तर्क देंगे, पर वह कुतर्क होगा।

आखिर क्या कारण है कि पिछले कुछ वर्षों में धार्मिक क्रिया-कलापों में जिस तेजी से वृद्धि हुई है, समाज में अपराध भी उसी तेजी से बढ़े हैं?

आम आदमी के जीवन-स्तर की दृष्टि से 170 देशों में हमारा स्थान 135वाँ है। बेशक अपराध में कुछ अफ्रीकी देशों के बाद हमारा नम्बर आता है।

जातिगत भेदभाव, भ्रूण-हत्या, वधूदहन, बलात्कार, हत्या, चोरी, डाकेजनी और भ्रष्टाचार में यूरोप के तमाम देशों को मिला देने के बाद भी हम उनसे कहीं आगे हैं।

बाल-अनाथालयों, विधवा-आश्रमों तक में रहनेवालों की खाद्य-सामग्री बेच खाना आम बात है। दवा, खाद्य पदार्थ में मिलावट तो मिलावट, अब तो प्राणघातक सिन्थेटिक दूध तक का व्यापार करने में लोगों को संकोच नहीं है।

जो यह कहते नहीं थकते कि इस देश की मिट्टी, हवा, जल का जवाब नहीं है; कण-कण में भगवान, अध्यात्म व्याप्त है; यह भूमि नमनीय है, स्वर्ग से भी प्यारी है; वे यह क्यों नहीं बतलाते कि इन तमाम गुणों के रहते यहाँ कदम-कदम पर जीवन में इतना प्रदूषण क्यों है?

वे कहेंगे—यह सारा अवगुण पश्चिम से आया है। और दूसरी साँस में ही वे कहेंगे—पश्चिम हमारी ओर ताकता है। उसे कोई राह दिखाएगा तो भारत ही दिखाएगा। बहुत खूब! पश्चिम के प्रभाव को रोक पाने में सर्वथा अक्षम समाज पश्चिम को राह दिखाएगा? यह पाखंड नहीं है तो और क्या है?

जाति–प्रथा को लेकर भी एक कुतर्क बार–बार सुनने को मिलता है कि यह तो कर्म के आधार पर है। ठीक है, मान लिया लेकिन जाति यदि कर्म के आधार पर है तो फिर सदियों से जन्मगत क्यों बनी हुई है? आज भी यह विद्यमान क्यों है ? रोटी–बेटी का सम्बन्ध जन्मगत जाति–प्रथा पर क्यों कायम है ? क्यों नहीं एक झटके में इसे तोड़ दिया जाता ? इन सवालों का जवाब वे यह कहकर देंगे कि आप नास्तिक हैं, आप नहीं समझ सकते। वे यह भी कह सकते हैं कि आपको समझाना बेकार है। दोनों हाथ लड्डू की कहावत शायद यहीं से आई है। चित भी मेरी, पट भी मेरी।

वास्तव में जब कोई व्यक्ति या समाज विवेक–बुद्धि और तर्कपरकता की जगह अनालोच्य आस्था को सर्वोपरि मान लेता है, तब किसी भी प्रश्न का उत्तर इसी तरह देने लगता है। वह जवाब देने की बजाय प्रश्नकर्ता को अयोग्य ठहराने लगता है।

भारतीय सन्दर्भ में अन्ध–आस्था या अन्धविश्वास की जड़ें इतनी गहरी क्यों हैं ? हमारे यहाँ जन्म के पहले से ही अन्धविश्वास शुरू हो जाता है जो मरणोपरान्त तक चलता है।

गर्भवती स्त्री के लिए ऐसे व्रत, पूजा का विधान है जिसको करने से उसे सन्तान के रूप में पुत्र होगा जो उसको मोक्ष और स्वर्ग, दोनों दिलाएगा। यह बात अलग है कि इसके बावजूद लड़की पैदा हो जाए तो पंडित जी कहेंगे—पूजा–पाठ विधान में कमी रह गई ? भला कोई स्त्री होगी जो पुत्र–प्राप्ति के उपाय में जरा भी कोताही बरते ? पर पंडित जी का अपना तर्क या कुतर्क है, जिसे आपको मानना ही है।

परिवार में कोई असाध्य रोग से पीड़ित है। रोग–निवारण के लिए बड़े जोर–शोर से हवन, यज्ञ किया जा रहा है, मन्नतें मानी जा रही हैं, पर साथ ही अच्छे से अच्छे डॉक्टर का इलाज भी चल रहा है। ठीक हो गया तो भगवान का चमत्कार, मर गया तो डॉक्टर दोषी या इलाज में कमी रह गई।

शादी–ब्याह में जन्मकुंडली मिलाते हैं। पर क्या जन्मकुंडली मिलने से ही विवाह हो जाता है ? नहीं। लड़की की नापजोख, शारीरिक सौन्दर्य, दहेज की राशि जन्मकुंडली से ज्यादा महत्त्व रखती है, यह सभी जानते हैं। वस्तुतः हमने अन्ध–विश्वास और उपभोक्तावाद का जबर्दस्त सहअस्तित्व सम्भव कर दिखाया है।

जीते-जी बूढ़े माँ-बाप को तकलीफ देने में लोग कोई कसर नहीं छोड़ते। जीते-जी बूढ़े माँ-बाप पानी तक के लिए तरसते रहते हैं लेकिन उनके मरते ही लोग गीता के श्लोक के साथ अखबारों में बड़े-बड़े विज्ञापन देते हैं। गोलोकवासी की स्मृति में श्राद्ध करते हैं। मालपुआ पंडितों को खिलाते हैं, खुद खाते हैं। मुगालता यह कि यह सब स्वर्गवासी को स्वर्गलोक में पहुँच रहा है। क्या स्वर्गलोक में मालपुआ नहीं मिलता? दूसरे, इस जन्म में खिलाते तो आँखों से देखते, स्वर्गलोक में मिलता है या नहीं, यह किसने देखा है?

एक मरियल-सी गाय एक दिन में न जाने कितने हाथों से दान कराई जाती है, जिसकी कीमत गाय के अनुसार नहीं, यजमान की हैसियत के अनुसार 11 रुपए से ग्यारह हजार रुपए तक होती है। देश-भर के तीर्थ स्थानों में हर रोज हजारों-लाखों गायों का दानक्रम चलता है। यह गाय दानकर्ता को वैतरणी पार कराकर सीधे स्वर्ग ले जाएगी। अगर एक गाय के दान से कोई वैतरणी पार कर स्वर्ग पहुँच सकता है तो और कुछ करने की जरूरत ही क्या है? लेकिन यही आस्था लोगों को जीते-जी बेहिचक अपराध और अनैतिक कर्म करने का हौसला देती है, क्योंकि अन्त में सिर्फ एक गाय का दान करके उनका स्वर्ग जाना तो तय है।

फलाँ कुंड में स्नान करने से सारे रोग दूर हो जाते हैं। फलाँ नदी में स्नान से सारे पापों से मुक्ति मिलती है। फलाँ तीर्थ से मुहमाँगी मुराद पूरी होती है। और ऐसे कुंडों, नदियों, तीर्थों की भरमार है। पर सबसे ज्यादा रोगी, निर्धन हमारे ही देश में हैं। इतना सब लेने को उपलब्ध है, फिर भी वंचित हैं।

अब तो लोग अपने काले धन्धे में भगवान को पार्टनर तक बनाने लगे हैं। ऐसे कई व्यापारिक प्रतिष्ठान हैं जिन्होंने तिरुपति भगवान को एक-दो प्रतिशत का बाकायदा लिखत-पढ़त में पार्टनर बनाया हुआ है। जब भगवान स्वयं पार्टनर हों तो कहना ही क्या?

डाका डालने के पहले काली-भक्त डकैतों का सफलतापूर्वक डाके के लिए माँ काली का आशीर्वाद लेना और सफलता का श्रेय देते हुए लूट के एक हिस्से को चढ़ावे के रूप में चढ़ाना पुरानी परम्परा रही है। कलकत्ता से तारकेश्वर के रास्ते में एक काली मन्दिर का नाम ही डकैत काली मन्दिर है। कहते हैं, इस काली को अपने भक्त डकैत बहुत प्रिय थे।

अन्धविश्वास और अपराध का यह गठजोड़ शायद ही किसी और देश में

देखने को मिले। घोर पापी अजामिल मृत्यु-शैया पर थे। जैसे ही उन्होंने अपने पुत्र नारायण का नाम लेकर पुकारा, उनके प्राण पखेरू उड़ गए। नारायण नाम लेने मात्र से भगवान विष्णु यानी नारायण ने पाप-मुक्त कर उन्हें स्वर्ग भेज दिया। यह किंवदन्ती बार-बार पेश की जाती है और बताया जाता है कि अन्तिम समय में नारायण का नाम लेने भर से जीवन भर किए गए सारे दुराचार खत्म हो जाते हैं और स्वर्ग मिलता है।

भ्रष्ट से भ्रष्ट नेता भगवान के दरबार में हाजिर होकर आशीर्वाद लेता है। वह भ्रष्टाचार से अकूत धन कमाता है और इसका श्रेय भगवान को देता है। भगवान की ऐसी दुर्दशा इनसान से देखी कैसे जाती है?

यह अन्धविश्वास की शक्ति का कमाल है, जिसने समाज को मानसिक रूप से जड़ और पंगु बना रखा है। अन्धविश्वास हर अन्याय को सहने की शक्ति देता है, उसके विरुद्ध लड़ने की प्रेरणा नहीं देता। वह यथास्थिति का पोषण करता है। तभी तो दिन दूना भ्रष्टाचार, अनाचार के साथ अन्धविश्वास भी फल-फूल रहा है।

हालाँकि मनुष्य की बुनियादी व फौरी जरूरत है—मर्यादित जीवन जीने का अधिकार। रोटी, कपड़ा, मकान, रोजगार के साथ-साथ गुणवत्तायुक्त शिक्षा व चिकित्सा की सुविधा। और यह सब न्याय पर आधारित समतामूलक समाज की स्थापना से ही सम्भव है। ऐसा समाज तभी सम्भव हो सकता है, जब वह अन्ध-आस्था या अन्धविश्वास की शृंखला को तोड़ फेंके। इसके लिए धर्म की वास्तविकता को समझना भी जरूरी है। आज तक कोई धर्म, कोई ईश्वर मनुष्य की बुनियादी जरूरतें न पूरी कर पाया है, न कर पाएगा। जिन देशों में काफी हद तक कल्याणकारी राज्य की स्थापना हो पाई है, जिनमें जनम से मृत्युपर्यन्त व्यक्ति की बुनियादी जरूरतें व्यवस्था पूरी करती है। उन देशों ने धर्म व ईवर को हाशिए पर रखा है। परन्तु एक भी धार्मिक राष्ट्र ऐसा नहीं है जहाँ प्रत्येक नागरिक को आर्थिक-सामाजिक न्याय मिला हो, उसकी बुनियादी जरूरतें पूरी हुई हों।

कभी पश्चिम में भी धर्म की जड़ें बहुत गहरी थीं। पर जागरण (रेनेसाँ) से जुड़े बुद्धिजीवियों ने सबसे पहले उस पर आघात किया और विवेकपरक वैज्ञानिक सोच तथा समतामूलक समाज का विकल्प दिया। सामन्ती संरचना पर आधारित समाज पर आघात किया।

आज पश्चिम धर्मान्धता से लगभग मुक्त है। कल्याणकारी व्यवस्था, धर्मनिरपेक्ष सभ्य समाज उसी का प्रतिफल है। कल्याणकारी व्यवस्था ने भाग्य-भगवान पर आश्रित मनुष्य को लगभग मुक्त कर स्वतंत्र चिन्तन दिया है। पूर्व के लोग पश्चिम की चाहे जितनी भर्त्सना करें पर उसी पश्चिम में, अपनी स्वर्गतुल्य जन्मभूमि को त्यागकर बसने को लालायित रहते हैं।

हालाँकि इसी पश्चिम की देन है—पूँजीवाद तथा सम्राज्यवाद, जो विश्व-मानवता के लिए धर्मान्धता से कम खतरनाक नहीं है। धर्मान्धता के साथ-साथ पूँजीवाद तथा सम्राज्यवाद के विरुद्ध भी एकजुट होना होगा। पर इसका मतलब यह नहीं कि मानवता को पश्चिम की जो देन है उसे सिरे से खारिज किया जाए।

विगत पाँच सौ वर्षों में पश्चिम में हुए वैज्ञानिक आविष्कारों का ही नतीजा है कि यक्ष्मा, चेचक, पोलियो, प्लेग आदि जैसे असाध्य रोगों से सफलतापूर्वक निपटने की चिकित्सा-पद्धति उपलब्ध हुई है।

बिजली, टेलीफोन, रेल, हवाई-जहाज यहाँ तक कि अंडरवियर, ब्रा आदि न जाने कितने आविष्कार पश्चिम के वैज्ञानिकों के अथक प्रयासों का परिणाम हैं।

भारत में तो अभी भी बहुसंख्यक आबादी, जिसमें हिन्दू, मुसलमान, सिख, ईसाई, बौद्ध, सवर्ण, दलित, आदिवासी सभी शामिल हैं। शौचालय, स्वच्छ पेयजल, शिक्षा, चिकित्सा तक से वंचित है। यह स्थिति देश में विपुल संसाधनों की मौजूदगी के बावजूद है।

क्या इन समस्याओं से मुक्ति तब तक सम्भव है, जब तक हम अपनी आँखों से अन्ध-आस्था की पट्टी को उतारकर फेंक नहीं देते? वस्तुतः हम सभी को एकजुट होने की जरूरत है। पर यहाँ भी धर्म आड़े आता है, जिसने समाज को टुकड़ों-टुकड़ों में बाँट रखा है। इसलिए हमें धर्म की बजाय मानवता के आधार पर एकता बनानी होगी।

तो फिर क्यों न धर्म व ईश्वर को हाशिए पर रखकर हम भी ऐसे समाज की स्थापना के प्रयास में जुट जाएँ जिसमें अन्धविश्वासों की बजाय वैज्ञानिक चेतना को प्रमुखता प्राप्त हो, ताकि प्रत्येक मनुष्य को मर्यादित जीवन जीने का हक हासिल हो?

# धर्म और अभिव्यक्ति की स्वाधीनता

भारत एक बहुधर्मी देश है। चार धर्मों—हिन्दू, सिख, जैन व बौद्ध—की यह भूमि जन्मस्थली रही है। ईसाई धर्म के उदय के तुरन्त बाद यानी पहली सदी में यहाँ ईसाई आकर बसने लगे थे। उसी प्रकार इस्लाम के उदय के तुरन्त बाद यहाँ मुसलमान आकर बसने लगे थे। सबसे पहले मुसलमानों का आगमन व्यापार के सिलसिले में हुआ था। वे दक्षिण भारत के केरल अंचल में आए थे। परवर्ती काल में वे आक्रमणकारी के रूप में पंजाब-सिन्ध आए।

इस्लाम जब ईरान पहुँचा तो मुसलमानों के अत्याचार एवं धर्मान्तरण के भय से वहाँ के अग्निपूजक पारसियों ने भारत में शरण ली।

इस प्रकार सदियों के अन्तराल में विभिन्न धर्मावलम्बी भारत आए। वे आम तौर पर एक-दूसरे को बर्दाश्त करते हुए शान्तिपूर्वक यहाँ रहते आए हैं। ऐसा नहीं रहा कि इनके बीच धर्म के वर्चस्व या इसके पालन को लेकर हिंसात्मक टकराव कभी नहीं हुआ। वह हुआ और आज भी, 21वीं सदी के पूर्वार्द्ध में भी हो रहा है। लेकिन प्राय: विभिन्न धार्मिक समुदायों का पारस्परिक मेल और सह-अस्तित्व कायम रहा।

सुदूर अतीत में ईश्वर की अवधारणा को प्रमुखता देनेवाली वैदिक मान्यताओं के साथ वैदिक काल से ही भारत में अनीश्वरवादी नास्तिक-धारा भी प्रवाहित होती रही है, जिसके अन्तर्गत धर्म और ईश्वर की अवधारणा को नकारते हुए उसकी कटुतर आलोचना की जाती रही है। साथ ही साथ अगले-पिछले जन्म और स्वर्ग-नर्क की अवधारणा को नकारा जाता रहा है। यथा—'देहस्य भस्मीभूतस्य पुनर्जन्म कुत:।' चार्वाक का यह कथन स्पष्ट प्रमाण है।

बीच-बीच में धर्म की उपधाराएँ भी यहाँ प्रवाहित होती रही हैं, जिन्हें सुधारवादी आन्दोलन की संज्ञा दी जाती है। आर्यसमाज के प्रवर्तक स्वामी दयानन्द सरस्वती ने अपने ग्रन्थ 'सत्य प्रकाश' में मूर्ति-पूजा को नकारते हुए

और राम और कृष्ण को मिथकीय चरित्र बताते हुए हिन्दू-धर्म के पौराणिक पक्ष की कटुतम शब्दों में भर्त्सना की है। उन्होंने केवल हिन्दू धर्म की ही नहीं, बल्कि ईसाई धर्म तथा इस्लाम की भी कटुतर शब्दों में आलोचना की है।

यह भी तथ्य है कि हर धर्म एक-दूसरे को काटते हुए अपने वर्चस्व का दावा करता रहा है। मतान्तर और वर्चस्व की इच्छा ने ही इतने सारे धर्मों को बनाए रखा है। अन्यथा दुनिया में एक ही धर्म और एक ही ईश्वर हो सकता था।

कुछ उदारवादी यह दावा करते हैं कि हर धर्म का मूल तत्त्व एक ही है। सारे धर्म मानव मात्र के कल्याण के लिए है; किन्तु यह सरासर गलत है। यदि मूल तत्त्व एक है तो फिर सदियों से विभिन्न धर्मों में टकराव क्यों होते रहे हैं? यदि मोक्ष-प्राप्ति या ईश्वर-प्राप्ति ही लक्ष्य होता तो फिर इस प्राप्ति के लिए इतने विभिन्न मार्ग, इतनी विभिन्न धाराएँ क्यों हैं, जो एक-दूसरे से टकराती हैं? दरअसल यह कहना सच्चाई से मुँह मोड़ना है कि टकराव धर्म की वजह से नहीं बल्कि धर्म की गलत समझ के कारण उनके अनुयायियों की ओर से होते हैं। वास्तविकता यह है कि टकराव हर धर्म के उदयकाल से ही होते रहे हैं और वे आज भी जारी हैं। अगर इनका बीज धर्मों में न होता तो कभी न कभी तो सही समझ आती और टकराव रुकते।

एक प्रश्न सहज ही उठता है कि इन टकरावों को रोकने में उस ईश्वर की क्या भूमिका रही जो 'सर्वशक्तिमान, सर्वव्यापी और न्यायप्रिय' है? यह दावा किया जाता है कि ईश्वर की मर्जी के बिना पत्ता तक नहीं हिलता, तो क्या यह मान लिया जाए कि जो कुछ होता रहा, उसमें उसकी मर्जी थी या यह कहा जाए कि वह उसको रोकने में असमर्थ है?

ऐसा भी नहीं कि टकराव और कत्लेआम विभिन्न धर्मावलम्बियों के बीच ही होते रहे हैं, बल्कि एक ही धर्म को माननेवालों के विभिन्न तबकों के बीच भी होते रहे हैं।

मसलन हिन्दुओं में शैव, वैष्णव, शाक्त; ईसाइयों में कैथोलिक, प्रोटेस्टेंट, चर्च ऑफ इंग्लैंड, ऑर्थोडोक्स चर्च तथा मुसलमानो में सुन्नी, शिया, अहमदिया, वहाबी आदि के बीच भी टकराव होते रहे हैं। इतिहास साक्षी है कि इन टकरावों में लाखों-करोड़ों लोग धर्म की बलि चढ़ चुके हैं।

इन सबके मद्देनज़र कोई धर्म और ईश्वर की प्रासंगिकता पर प्रश्न करे तो उसे विधर्मी करार देते हुए उसके कत्ल का फतवा दे दिया जाएगा।

ईश्वर के लिए एक नाम पर भी आज तक कभी कोई सहमति नहीं बन पाई। इक्कीसवीं सदी के वैज्ञानिक युग में भी मुसलमानों का एक तबका अल्लाह को छोड़कर ईश्वर का कोई और नाम, यहाँ तक कि 'खुदा' भी मानने को तैयार नहीं है।

महात्मा गांधी ने जब कहा—'ईश्वर अल्लाह तेरो नाम...' तो मुसलमानों के एक तबके ने यह कहकर विरोध किया था कि यह धारणा ही इस्लाम के विरुद्ध है। ईश्वर और अल्लाह एक तराजू पर नहीं तोले जा सकते।

पहले ही कहा जा चुका है कि हर धर्म एक-दूसरे को काटता ही नहीं, बल्कि अन्य धर्मावलम्बिों की भावनाओं पर आघात कर उन्हें आहत भी करता है। मसलन, हिन्दू गाय की पूजा करता है, उसे माँ का दर्जा देता है। उसके लिए गाय अवध्य है, जबकि इस्लाम में गाय के वध को पुण्य का काम माना गया है।

पूछा जाए कि जब मुसलमान गाय का वध कर उसका मांस सरेआम लटकाकर बेचता है तो उस रास्ते से गुजरनेवाले हिन्दू की भावना क्या आहत नहीं होती? उसी प्रकार हिन्दू मूर्तिपूजक (बुतपरस्त) है जबकि मुसलमान मूर्तिभंजक (बुतशिकन), तो क्या मूर्तिपूजा मुसलमान की तथा मूर्ति तोड़ना हिन्दू की भावना को आहत नहीं करता?

अहिंसावादी जैन धर्मावलम्बी कीड़े-मकोड़ों तक को मारना हिंसा मानते हैं जबकि हिन्दू, मुसलमान और ईसाई पशु-वध एक धार्मिक कृत्य के रूप में करते हैं। वे तो विधर्मी को मारने तक को धर्मयुद्ध, क्रुसेड तथा जिहाद के अन्तर्गत धार्मिक कृत्य मानते हैं।

इस प्रकार विभिन्न धर्मावलम्बी सदियों से एक-दूसरे की भावनाओं को आहत करते रहे हैं और एक साथ रहते भी रहे हैं। तो फिर कोई अनीश्वरवादी यदि अपने विवेक और विश्वास के अनुरूप धर्मों और ईश्वर की आलोचना करता है तो धार्मिकों को वह क्यों बर्दाश्त नहीं होती? धार्मिक लोगों से एक सवाल किया जाना चाहिए कि जब कोई धार्मिक पुस्तक यह कह सकती है कि धर्म व ईश्वर को न माननेवाले विधर्मी, पापियों, काफिरों को मरणोपरान्त घोर नर्क मिलेगा, जहाँ अनन्तकाल तक उन पर घोर अत्याचार किए जाएँगे, यातनाएँ दी जाएँगी तब किसी अनीश्वरवादी-मानवतावादी सोचवाले को यह कहने का अधिकार क्यों नहीं हो सकता कि यह सब बकवास है, जिस पर

कतई विश्वास नहीं किया जाना चाहिए?...और जब वह ऐसा कहता या लिखता है तो कतिपय धर्म को माननेवाले उस अनीश्वरवादी को जान से मारने, उसका मुँह काला करने या उस पर थूकने के फतवे क्यों देने लगते हैं? अनीश्वरवादी तो यह कभी नहीं कहता कि ईश्वर या खुदा को माननेवालों को मौत के घाट उतार दिया जाना चाहिए।

असहिष्णुता और हिंसा पारस्परिक संवाद के रास्ते बन्द कर देती है। ऐसे में असहमति दूर करने का कोई तरीका नहीं निकल सकता। यदि एक-दूसरे की धार्मिक मान्यताओं और आचारों से असहमति या कोई अन्य समस्या है तो उसे सुलझाने का तरीका संवाद ही हो सकता है। एक सभ्य नागरिक समाज की यह बुनियादी शर्त है और सबसे जरूरी अपेक्षा भी है। ऐसे में हमारी राय में, सलमान रुश्दी, तसलीमा नसरीन, मकबूल फिदा हुसैन आदि की कृतियों पर हाय-तौबा मचानेवाले को भी अनीश्वरवादियों की ही तरह सहिष्णु बनने की जरूरत है। दोनों एक-दूसरे के तर्क को काटें, असहमति जताएँ, परन्तु यह संवाद के माध्यम से होना चाहिए। बन्दूक, बम, तलवार और छुरों के प्रयोग की इजाज़त तथा हत्या के फतवे कानूनन अपराध हैं। ऐसा करनेवाले धार्मिक नहीं, बल्कि अपराधी ही हो सकते हैं।

यह बताने की जरूरत नहीं है कि सदियों साथ रहने के बावजूद विभिन्न धर्मों के माननेवाले एक-दूसरे की हत्या भी करते रहे हैं। भारत-पाक बँटवारे के दौरान धर्म के नाम पर दस लाख हिन्दू-मुसलमान मारे गए। भारत का बँटवारा हुआ और इन लाखों लोगों की लाशों पर इस्लामिक धार्मिक राज्य 'पाकिस्तान' की स्थापना हुई। इस्लामिक राज्य बनने के बाद पाकिस्तान में इस्लाम के नाम पर जो खून-खराबा होता रहा है, क्या वह सब हमारी आँखें खोलने के लिए काफी नहीं है?

आँखों पर जब धर्म की पट्टी चढ़ी हो तो सत्य को देखना सम्भव नहीं होता। ऐसे लोग धर्म के नाम पर हो रहे हर गलत काम के लिए सारी दुनिया को दोषी ठहरा देंगे पर धर्म या ईश्वर को नहीं।

इतिहास साक्षी है कि धर्म--ईश्वर को माननेवाले अपने-अपने धर्म का वर्चस्व स्थापित करने के लिए सदियों से नर-संहार करते रहे हैं, आज भी कर रहे हैं। परन्तु इतिहास में ऐसा एक भी उदाहरण नहीं जहाँ नास्तिकों-अनीश्वरवादियों ने कभी धर्म को माननेवालों का कत्लेआम किया हो।

इसकी एकमात्र वजह यह रही कि अनीश्वरवादियों ने हमेशा तर्क और विवेक पर भरोसा किया। संवाद के माध्यम से उन्होंने अपनी बात कही। दरअसल जिसके पास तर्क नहीं होता, वही हिंसा का सहारा लेता है। और धर्म के मामले में, जहाँ आस्था विवेक से अधिक आवश्यक हो जाती है, वहाँ असहमति से निपटने के लिए हिंसा का सहारा लेना एक सचेत रणनीति बन जाती है।

क्या अजीब बात है कि कोई आपके धर्म-ईश्वर की मात्र आलोचना भी करे तो आपकी भावना आहत हो जाए और आप तत्काल उसके कत्ल का फतवा दे डालें। क्या धर्म-ईश्वर की नींव इतनी कमजोर है कि आलोचना मात्र से ही ढह जाए? तो फिर बेकार ही यह तर्क दिया जाता है कि धर्म की नींव बड़ी गहरी है, जिसे उखाड़ फेंकना किसी के वश की बात नहीं।

*जहाँ तक अभिव्यक्ति की स्वाधीनता का प्रश्न है, यदि यह धर्म के माननेवालों को उपलब्ध है तो धर्म को न माननेवालों को क्यों नहीं हो सकती? यदि धार्मिक पुस्तकों में विधर्मियों-अनीश्वरवादियों की कटुतर निन्दा-भर्त्सना अभिव्यक्ति की स्वतंत्रता है तो फिर धर्म-ईश्वर की भर्त्सना अभिव्यक्ति की स्वतंत्रता क्यों नहीं हो सकती?*

अनेक खामियों के बावजूद भारत-भूमि संस्कृति व साहित्य की विविधता के लिए अपने प्रारम्भिक काल से ही उर्वरा रही है। यहाँ ईश्वर की अवधारणा अवतरित हुई तो उसके समानान्तर अनीश्वरवादी नास्तिक दर्शन भी पनपा।

सेक्स जैसे विषय पर पहली खुली पुस्तक 'काम-सूत्र' की यहीं रचना हुई और उसके रचयिता वात्स्यायन को ऋषि का दर्जा दिया गया। इसी भूमि की उपज है विशुद्ध भौतिकवादी चार्वाक-दर्शन। सांख्य-दर्शन यहीं रचा गया जो एक भौतिकवादी दर्शन है।

*यहीं महात्मा बुद्ध ने कहा कि किसी के कहे-लिखे पर तब तक विश्वास मत करो जब तक तुम उसे अपने विवेक की कसौटी पर खरा न पाओ। साथ ही यह भी कहा—अप्प दीपो भव यानी अपना दीपक स्वयं बनो। बौद्ध व जैन धर्मों में तो ईश्वर की अवधारणा ही नहीं है।*

बारहवीं सदी में यहीं विश्व-भक्त कवि अक्का महादेवी हुईं जिन्हें सम्मान की दृष्टि से देखा गया। उन्होंने शरीर पर जीवन-पर्यन्त वस्त्र धारण नहीं किए।

लेकिन आज उसी देश में कट्टरपन्थी यह धमकी देने का दुस्साहस करते हैं कि 'सैटेनिक वर्सेज' का लेखक सलमान रुश्दी भारत आएगा तो खून-खराबा होगा। वे यह चुनौती भी देते हैं कि तसलीमा नसरीन को देश से निकालो। इन्हीं तत्त्वों की धौंस में आकर तत्कालीन पश्चिम बंगाल सरकार ने तसलीमा को राज्य से निष्कासित कर दिया था।

*क्या यह सब राष्ट्रीय बहुलतावादी-मानवतावादी अस्मिता पर आघात नहीं? यदि नहीं, तो कल ये कट्टरपन्थी कहेंगे कि बौद्ध दर्शन, जैन दर्शन, चार्वाक दर्शन व कामशास्त्र को जला दो। वे कहेंगे कि देश की हजारों साल की धरोहरों को नष्ट कर दो। अफगानिस्तान में व अभी हाल में मालद्वीप के संग्रहालय में यही तो हुआ, जहाँ इस्लाम-पूर्व की सांस्कृतिक विरासत को तहस-नहस कर दिया गया।*

कोई यदि ऐसा कहे कि इस देश की समस्याओं की जड़ में धर्म की अहम् भूमिका है तो लोग, जिनमें बुद्धिजीवी भी शामिल हैं, सर्वसम्मति से यह फतवा देंगे कि यह एक अत्यन्त हास्यास्पद कुतर्क है। वस्तुत: यह मान लिया गया है कि भारत एक धर्मपरायण देश है, जहाँ धर्म की जड़ें पाताल तक गई हुई हैं। यह भी कहा जाएगा कि धर्म को हटाकर या उसकी उपेक्षा कर यहाँ समस्याओं का समाधान सम्भव नहीं है। एक तर्क यह भी दिया जाता है कि भारत धर्मनिरपेक्ष नहीं बल्कि सर्वधर्म समभाव को मानते हुए विभिन्न सम्प्रदायों के बीच सौहार्द और सहिष्णुता बनाए रखने में सफल हुआ है।

उपरोक्त तर्कों को तथ्यपरक व विवेकसम्मत मानने से पहले जाँचना-परखना जरूरी है।

सर्वप्रथम यह देखना उचित होगा कि आखिर समस्याएँ हैं क्या? समस्याएँ हैं—जाति, साम्प्रदायिकता, अन्धविश्वास, आर्थिक विषमता, भ्रष्टाचार और वैज्ञानिक सोच व चिनतन का सर्वथा अभाव, जिसने समाज को वर्तमान में जीने और भविष्य का ताना-बाना बुनने से वंचित कर अतीतजीवी और अकर्मण्य बना दिया है।

आइए, शुरुआत जाति से करें। मानवता के नाम पर कलंक जाति, धर्म की ही-देन है, जो हजारों साल यानी वैदिक-युग से चली आ रही है। जन्मगत वर्ण-व्यवस्था हिन्दू-धर्म के मूल सिद्धान्तों में से एक है। आज तो स्थिति यह हो गई है कि पूरा हिन्दू समाज आपस में बुरी तरह बँट गया है और विभिन्न

सम्प्रदाय हिंसक टकराव की मानसिकता से ग्रस्त हैं। जाति को बरकरार रखकर, समाज में सौहार्द और सद्भाव कतई सम्भव नहीं है। जाति को नष्ट करने के लिए यह समतामूलक समाज की संरचना के लिए सबसे पहले उसके मूल आधार, धर्म पर आघात करना होगा। जड़ को काटे बिना इस विष-वृक्ष को खत्म नहीं किया जा सकता। हिन्दू धर्म की यह बुराई उन धर्मों में भी फैल गई है, जिनमें जाति की अवधारणा नहीं है, यथा—ईसाइयत, इस्लाम, सिख, जैन धर्म आदि में। मजे की बात यह है कि इन धर्मों के अनुयायी भी ऊँच-नीच के भेदभाव से ग्रस्त होकर आपस में टकरा रहे हैं और आरक्षण में कोटे की माँग कर रहे हैं।

दूसरी समस्या है—साम्प्रदायिकता। यह समस्या भी सदियों से समाज को घुन की तरह खा रही है। अक्सर कहा जाता है कि यह अंग्रेज शासकों की देन है, पर यह गलत है। उदाहरण के लिए, गाय का मसला हिन्दुओं और मुसलमानों के बीच टकराव का कारण बनता रहा है। यहाँ प्रश्न यह उठता है कि हिन्दुओं को गाय को पवित्र और अवध्य मानने और मुसलमानों को उसे खाद्य मानने की सीख क्या अंग्रेजों ने दी? स्पष्ट रूप से गाय के सम्बन्ध में हिन्दुओं और मुसलमानों की ये मान्यताएँ उनकी अपनी हैं। इसलिए गो-पूजा या गोकशी को लेकर दोनों सम्प्रदायों की टकराहट को सिर्फ अंग्रेजों के मत्थे मढ़ देना सच नहीं माना जा सकता।

यह सच है कि सदियों से दोनों सम्प्रदाय एक साथ रहते आए हैं पर इनमें सिर्फ सौहार्द एवं सद्भाव ही रहा है, और इनका मनमुटाव किसी अन्य की करतूत है, यह कहना गलत होगा।

गोरी, गजनबी, बाबर, खिलजी, औरंगजेब आदि ने धर्म के नाम पर मन्दिर-मूर्तियाँ तोड़ीं, पुस्तकालयों में आग लगाई, हिन्दुओं पर जजिया कर लगाया आदि कृत्य क्या दोनों सम्प्रदायों के बीच अंग्रेजों के आगमन के पहले से वैमनस्य पैदा नहीं करते रहे?

केवल गाय ही नहीं, अनेकानेक मसले हैं जो दोनों सम्प्रदायों के बीच विभेद की लकीर खींचते हैं। साम्प्रदायिक सौहार्द होता तो रोटी-बेटी का रिश्ता न होता? और तो और, धार्मिक टकराव ने साझी भाषा तक को नहीं छोड़ा। उर्दू मुसलमानों की भाषा होकर रह गई और हिन्दी हिन्दुओं की।

धार्मिक टकराव या साम्प्रदायिकता केवल हिन्दुओं और मुसलमानों तक

सीमित नहीं है। सिख सम्प्रदाय भी इससे प्रभावित है। खालिस्तान के नाम पर वर्षों चले खूनी खेल का प्रेरणास्रोत धार्मिक उन्माद ही था।

भारत का बँटवारा धर्म के आधार पर हुआ। पाकिस्तान की स्थापना इस्लाम के नाम पर हुई। परन्तु इससे क्या मुसलमानों की समस्या हल हुई? पाकिस्तान के जन्म-काल से ही शिया-सुन्नी-अहमदिया आदि एक ही धर्म के अनुयायी होने के बावजूद आपस में खूनी खेल खेलते रहे हैं, जिसमें हजारों जानें जा चुकी हैं। जाहिर है, धर्म समस्याएँ हल नहीं करता बल्कि पैदा करता है।

कश्मीर को ही लीजिए। भारत और भारत सरकार के विरुद्ध वहाँ जो मुहिम चल रही है, उसकी जड़ में धर्म है, कश्मीरियत नहीं। कश्मीरियत होती तो वहाँ रह रहे हिन्दू, बौद्ध आदि भी उस मुहिम में शामिल होते। कश्मीर के मुसलमान भारत से इसलिए अलग होना नहीं चाहते कि उन्हें राजनीतिक व आर्थिक अधिकारों से अन्य प्रदेशों की तुलना में वंचित रखा गया है, बल्कि वे इसलिए अलग होना चाहते हैं कि वे अपने समानधर्मा पाकिस्तान का अंग बनें, भले ही वहाँ उनकी स्थिति बद से बदतर हो, जैसाकि पाकिस्तान में है। वे कश्मीर में सेकुलरिज्म नहीं, इस्लामी निज़ाम चाहते हैं, इसीलिए तो मुस्लिम बहुल घाटी में सिनेमा हॉल बन्द करा दिए गए हैं, शराब को हराम करार दिया गया है, औरतों को आदेश है कि वे या तो बुर्के में रहें या कम से कम सिर तो ढँककर रखें। इस्लाम की आलोचना या उस पर खुली चर्चा तक पर सख्त पाबन्दी है। उनकी आजादी का अर्थ 'हिन्दू भारत' से मुक्ति है।

सिखों का नारा है—'राज करेगा खालसा'; हिन्दू 'राम-राज्य' चाहते हैं; तो फिर जनतंत्र का क्या होगा? धर्म को आधार बनाकर क्या समतामूलक समाज की कल्पना की जा सकती है? जाहिर है, धर्म को राजनीति से अलग रखना होगा। यह किए बिना साम्प्रदायिक सद्भाव कतई सम्भव नहीं। लेकिन प्रश्न है—पहल कौन करे? इस प्रश्न का उत्तर मिलना बाकी है।

संविधान में उल्लेख है कि देश के प्रत्येक नागरिक को बिना किसी भेदभाव के विकास के समान अवसर प्राप्त होंगे। यदि ऐसा हुआ होता तो संविधान लागू होने के 65 वर्षों बाद भी क्या आरक्षण की आवश्यकता होती? यहाँ यह पुनः उल्लेख करना आवश्यक है कि देश के कोने-कोने में व्याप्त जातिगत संघर्ष व टकराव रोकने के लिए वर्णहीन समाज की स्थापना करनी होगी।

जहाँ तक स्त्री-पुरुष के बीच भेदभाव का प्रश्न है, धर्म के रहते उसे कैसे समाप्त किया जा सकता है ? भले ही आप स्त्रियों को आरक्षण की सुविधा दे दें, भेदभाव तो बरकरार रहेगा।

धर्म कहता है कि विवाह के पूर्व नारी पिता के अधीन, विवाह के बाद पति के अधीन और पति की मौत के बाद पुत्र के अधीन रहे। एक धर्म कहता है कि मोक्ष के लिए पुत्र होना आवश्यक है। इसलिए पहली पत्नी से यदि पुत्र प्राप्त न हो तो व्यक्ति दूसरा विवाह करे। इसीलिए तो हर वर्ष लाखों की संख्या में कन्या भ्रूण-हत्या यानी नारी-हत्या होती रही है। दूसरा धर्म पुरुष को कुछ शर्तों के साथ अधिक-से-अधिक चार पत्नियाँ रखने की इजाज़त देता है। लेकिन उसने स्त्रियों को यह अधिकार नहीं दिया। उसने कहा कि विवाहित स्त्री यदि परपुरुष के प्रति आसक्त हो जाए तो उसे तब तक संगसार (पत्थरों से मारना) किया जाए जब तक वह मर न जाए। स्त्रियों के प्रति भेदभाव कमोबेश सभी धर्मों में है। किसी भी धर्म ने उसे पुरुष के बराबर नहीं माना।

यह सुनना कइयों को अविश्वसनीय लग सकता है कि भ्रष्टाचार के पीछे भी धर्म की अहम् भूमिका रही है। हर धार्मिक कर्मकांड के पीछे कुछ पाने की लालसा समाहित है। ईश्वर के नाम पर लोग एक देकर लाख पाना चाहते हैं। यह धारणा क्या मुनाफाखोरी और लालच की हर हद पार नहीं करती ? क्या इसे भ्रष्टाचार की संज्ञा नहीं दी जा सकती ? क्या यह महज संयोग है कि विगत चालीस-पचास वर्षों में जिस तीव्र गति से काले धन के बल पर धर्म का प्रसार-प्रचार हुआ है, उसी तीव्र गति से अनाचार, भ्रष्टाचार बढ़ा है ?

इन तमाम प्रश्नों के उत्तर मानवीय विवेक और वैज्ञानिक दृष्टि की मदद से मिल सकते हैं, सिर्फ सुनी-सुनाई बातों के पीछे भागने से नहीं।

# मुसलमान और भारतीयता

अर्से से एक विशेष वर्ग भारतीय मुसलमानों के भारतीयकरण की माँग करता रहा है। इसकी राय में भारतीय मुसलमान सदियों से भारत में रहने के बावजूद अपनी एक अलग पहचान बनाए हुए हैं जो भारत से मेल नहीं खाती। इसका यह भी कहना है—ये मुसलमान भारत से ज्यादा अरब की तरफ देखते हैं और इनकी निष्ठा भी अरब के प्रति है और भारत की कीमत पर है।

मुस्लिम सम्प्रदाय पर किए गए इस दोषारोपण के बहाने हमें पहले उस वर्ग के चरित्र पर नज़र डालनी चाहिए जो यह दोषारोपण करता रहा है। हमें यह कहने में जरा भी हिचक नहीं है कि यह वर्ग जो भारतीयता की बात करता है, एक तो भारतीयता के बारे में इसका ज्ञान नहीं के बराबर है; दूसरे, भारतीयता की कसौटी पर यह वर्ग स्वयं कभी खरा नहीं उतरा।

इस वर्ग द्वारा जिस हिन्दुत्व की बात की जाती है, वह हिन्दू शब्द ही भारतीय नहीं है, विदेशियों, या यूँ कहें कि मुसलमानों का दिया हुआ है। क्या सोचकर इस वर्ग ने इस शब्द को आत्मसात् किया, यह किसी की भी समझ के परे है। उधार लिये विदेशी शब्द पर स्वदेशी के झंडाबरदार गर्व करें, यह क्या बेमानी नहीं है?

यह वर्ग अपनी कवायद में जिस पोशाक का प्रयोग करता है, वह क्या भारतीय या हिन्दू है? हर्गिज नहीं! अपने प्राचीन परिधान का त्याग कर पश्चिम की नकल पर परिधान धारण करना क्या अभारतीय नहीं है? हमारा मतलब निक्कर (पैंट) से है जिसे पहनकर राष्ट्रीय स्वयंसेवक संघ के स्वयंसेवक हर सुबह-शाम शाखाओं में कवायद करते हैं।

राष्ट्रीय स्वयंसेवक संघ किसी भी व्यक्ति या विचार को नहीं, ध्वज को सर्वोपरि मानता है। किसी भारतीय दर्शन या भारत में उपजे किसी धर्म में ध्वज का सर्वोपरि स्थान नहीं रहा है। सर्वोपरि तो भगवान, देवी-देवता या गुरु,

माता-पिता रहे हैं। ध्वज का जब भी प्रयोग हुआ है, प्रतीक के रूप में हुआ है। इसलिए ध्वज को सर्वोपरि मानना न केवल अभारतीय है, धर्म-विरोधी भी है।

बेहतर होगा कि पहले यह वर्ग स्वयं को भारतीय साँचे में ढाले फिर औरों से इसकी अपेक्षा करे।

अब जरा भारतीय मुसलमानों की कथित विशिष्ट पहचान पर चर्चा करें। भारत में क्या केवल मुसलमानों की ही विशिष्ट पहचान है ? वास्तविकता यह है कि इस देश में पहचान के वैशिष्ट्य की जैसी विविधता-भिन्नता है, दुनिया के किसी देश में नहीं है।

भारत में न केवल क्षेत्रीयता, भाषा, आचार-व्यवहार, खान-पान के आधार पर लोगों की विशिष्ट पहचान रही है, बल्कि एक ही सम्प्रदाय की विभिन्न जातियों की भी विशिष्ट पहचान रही है। यही क्यों, एक ही गाँव में रह रहे ब्राह्मण, राजपूत, दलित वर्ग के लोगों की पहचान में भी अन्तर देखा जा सकता है।

उत्तर भारत में जिस लुंगी को मुसलमानों का परिधान माना जाता है, दक्षिण भारत में वही हिन्दुओं का परिधान है लेकिन वहाँ उसे धोती कहा जाता है। उत्तर भारत में हिन्दुओं की धोती दक्षिण में कोई हिन्दू नहीं पहनता।

फिर मुसलमानों की अगर कोई अलग विशिष्ट पहचान है तो क्या अजूबा है! यह तो भारत की विविधता का वैशिष्ट्य है। यह विशुद्ध भारतीय वैशिष्ट्य है, अरबी नहीं। अरब में तो इस विविधता की कल्पना भी नहीं की जा सकती।

भारतीय मुसलमानों की भारतीयता पर जो शंका करते हैं, वे क्या भारतीयता के क, ख, ग से भी परिचित हैं ? या इन्होंने भारतीय मुसलमानों की भारतीयता को न देखने की कसम खा रही है ?

अपने रहन-सहन, खान-पान, भाषा, वेशभूषा, चाल-चलन, चारित्रिक गठन आदि से भारतीय मुसलमान किसी भी हिन्दू से कम नहीं, बल्कि कहीं-कहीं तो वे उससे भी दो-चार कदम आगे हैं।

यह हकीकत है कि यहाँ का मुसलमान अपने मजहब इस्लाम से ज्यादा भारतीयता का अनुसरण करता रहा है, यहाँ तक कि इस्लाम की कीमत पर भी करता रहा है। इस्लाम में जिन-जिन चीजों की मुमानियत (मनाही) है,

वह न केवल उन सारी चीजों का पालन करता है, बल्कि तहेदिल से, महारत के साथ करता है।

मिसाल के लिए नृत्य-संगीत को ही लीजिए। इस्लाम में इसकी मुमानियत है। इस्लाम की जन्मस्थली सऊदी अरब में कोई नाच तो ले? हिन्दू धर्म, देवी-देवता की प्रशस्ति में गीत लिखने या गाने का कोई दुस्साहस करके तो देखें। मौत की सज़ा पक्की है।

भारत में शास्त्रीय संगीत से लेकर आधुनिक गीत--संगीत तक में मुस्लिम सम्प्रदाय का वर्चस्व रहा है। भारतीय संगीत को परिपुष्ट करने में इनका सबसे ज्यादा योगदान रहा है। और तो और, भक्ति-गीतों में भी मुस्लिम गायक अग्रणी पंक्ति में रहे हैं। वाद्ययंत्र चाहे सारंगी हो या वीणा, सितार हो या तबला या ढोलक—मुस्लिम साजिंदों के नाम सुनहरे अक्षरों में लिखे गए हैं।

बड़े ग़ुलाम अली ख़ाँ, अलाउद्दीन खान, विलायत खान, बिस्मिल्ला खान, अमजद अली खान, ज़ाकिर हुसैन, नौशाद, मो. रफी, अल्लारक्खा आदि उस्ताद कलाकारों का जो योगदान रहा है, उससे क्या कभी उऋण हुआ जा सकता है?

हिन्दी बोली और भाषा को पुष्ट करने, सँवारने में भी इस सम्प्रदाय का उल्लेखनीय योगदान रहा है। मध्यकाल में अमीर खुसरो, रहीम, मलिक मुहम्मद जायसी, रसखान जैसे दिग्गज रचनाकारों से शुरू कर आधुनिक काल में राही मासूम रज़ा, शानी, अब्दुल बिस्मिल्लाह आदि ने हिन्दी साहित्य को गतिशील बनाने, विकसित करने में जो योगदान दिया, उसका भी यह प्रतिफल है कि हिन्दी भारत की अत्यन्त लोकप्रिय और सम्पुष्ट भाषा बन पाई।

'महाभारत' धारावाहिक की लोकप्रियता में राही मासूम रज़ा के संवादों का क्या कम योगदान था? रहीम, रसखान की कृष्णभक्ति की क्या कोई तुलना की जा सकती है?

उर्दू की बोली और व्याकरण क्या विदेशी है? उर्दू ने व्याकरण की खड़ी बोली से लिया है, न कि अरबी-फारसी से। उर्दू विदेशी नहीं, विशुद्ध भारतीय भाषा है।

बांग्ला के विद्रोही कवि नज़रुल इस्लाम पहले कवि थे जिन्हें देशभक्तिपूर्ण कविता लिखने के लिए 1922 में एक वर्ष का सश्रम कारावास भुगतना पड़ा। उन्होंने ही पहली बार पूर्ण स्वाधीनता की आवाज़ उठाई थी।

राधा-कृष्ण को लेकर लिखे नज़रुल के भक्ति गीत, माँ काली की प्रशस्ति में लिखे गीत उन्हें बंगाल में 'श्यामा संगीत' के नाम से जाना जाता है और आज भी घर-घर में गाया जाता है, को सुनकर कोई सोच सकता है कि यह किसी मुसलमान का लिखा है? कृष्ण-प्रेम में मुस्लिम कवि, हिन्दू कवियों से कहीं आगे रहे हैं और यह सिलसिला सदियों चला है।

भारत की आजादी के लिए संग्राम करते हुए अशफाक उल्लाह ख़ान ने हँसते-हँसते फाँसी के फन्दे को चूमा। ख़ान अब्दुल गफ्फार ख़ान की तो लगभग सारी की सारी जिन्दगी ही जेल में कटी। आज़ादी के पहले ब्रिटिश सरकार और आज़ादी के बाद पाकिस्तानी हुकूमत का कारागार उनका स्थायी निवास रहा।

स्वतंत्रता सेनानियों की सूची में मुसलमानों की गिनती दर्जनों नहीं, सैकड़ों-हजारों में है जबकि कटु यथार्थ यह है कि ब्रिटिश हुकूमत के विरुद्ध किए गए स्वतंत्रता संग्राम में तथाकथित हिन्दुत्ववादी एकदम अलग-थलग रहे। राष्ट्रीय स्वयंसेवक संघ के शीर्षस्थ नेताओं में न कोई फाँसी पर चढ़ा, न गोली खाई, अपवाद को छोड़कर न कोई जेल ही गया, क्योंकि ये पूरे संग्राम से पूरी तरह अलग-थलग थे।

भारत की परम्पराओं और रूढ़ियों का न केवल मुस्लिम सम्प्रदाय पर गहरा प्रभाव पड़ा बल्कि इसने उनको आत्मसात् किया। इस्लाम में जातिवाद जैसी प्रथा की कोई गुंजाइश नहीं, पर भारतीय उपमहाद्वीप के मुसलमानों में सदियों से यह कुप्रथा चलती आ रही है। सैयद, शेख, राई, खान, जुलाहा, अंसारियों में भले ही रोटी का रिश्ता हो, बेटी का रिश्ता नहीं होता। मुस्लिम सम्प्रदाय में विवाह की रस्म को अगर गौर से देखें तो पाएँगे कि हिन्दुओं में प्रचलित रस्म से यह काफी हद तक मिलती-जुलती है। मसलन घोड़ी पर चढ़ना, शेरवानी पहनना, सेहरा लगाना, साले-सालियों के बीच मसखरी आदि-आदि। और तो और, हिन्दुओं में व्याप्त दहेज की कुप्रथा से भी मुसलमान अपने-आपको बचा नहीं पाए। यह शोध का विषय है कि किस सम्प्रदाय ने किससे क्या लिया और किसको क्या दिया।

भारत की अर्थव्यवस्था में जनसंख्या के अनुपात में मुसलमानों का योगदान कहीं ज्यादा है। देश भर के कुशल कारीगरों में कम से कम सत्तर प्रतिशत मुसलमान हैं। भवन-निर्माण, जरी का काम हो या बर्तन, ताला बनाने का

काम, हस्तशिल्प उद्योग हो या सिलाई-बुनाई-रँगाई—इन सभी क्षेत्रों में यह सम्प्रदाय प्रमुखता से लगा हुआ है।

मध्य पूर्व के देशों में लाखों मुस्लिम कारीगर कार्यरत हैं जो हर वर्ष अरबों रुपए कमाकर भारत लाते हैं और यहीं निवेश करते हैं। वे अन्य उद्योगपतियों, व्यापारियों की तरह अपनी कमाई विदेशी बैंकों में नहीं जमा करते। राजस्थान से गया हिन्दू मारवाड़ी ज्यादा से ज्यादा अपने गाँव में मन्दिर, धर्मशाला या स्कूल बनवा देगा जो उसकी कमाई का एक प्रतिशत भी नहीं होता पर प्रवासी मुसलमान अपनी कमाई का शत-प्रतिशत राजस्थान में निवेश करता है। केरल की समृद्धि में प्रवासी मुसलमानों की आय का महत्त्वपूर्ण योगदान रहा है। सऊदी अरब से लगाव होता तो अपनी रकम वहीं न रखते, भारत क्यों लाते?

जिस अणु बम पर गर्व किया जा रहा है और उसे हिन्दुत्व के शौर्य, गौरव का प्रतीक बताया जाता है, उसके निर्माण और परीक्षण में गैर-हिन्दू भाभा और अब्दुल कलाम के अप्रतिम योगदान को क्या अस्वीकार कर पाएँगे? भाभा मुसलमान नहीं, पारसी थे।

ये तो चन्द उदाहरण हैं जिनका यहाँ जिक्र किया गया है। पूरी तफसील में जाएँ तो एक बड़ा पोथा तैयार हो जाए।

भारत ही नहीं, भारतीय उपमहाद्वीप में मुस्लिम सम्प्रदाय पर ही नहीं, इस्लाम पर भी भारतीयकरण की गहरी छाप है। सूफी मत को लीजिए। इसके प्रवर्तक मंसूर को सऊदी अरब में अनहलक (अहम् ब्रह्मस्मि) कहने के लिए फाँसी पर चढ़ा दिया गया। इस पर सूफी मत ने ईरान में शरण ली। ईरान होते हुए यह भारत आया और यहाँ परवान चढ़ा। मूल इस्लाम से सूफी मत बहुत भिन्न है इसलिए कट्टर इस्लामी देश में इसको पनाह नहीं मिली जबकि भारत में यह खूब फला-फूला। वेदान्त और उपनिषद की छाप इस पर स्पष्ट देखी जा सकती है।

भारतीय उपमहाद्वीप में इस्लाम का जो स्वरूप है, वह इसके उद्गम-स्थल सऊदी अरब से भिन्न है। यह भिन्नता भारतीय मुसलमानों के आचार-व्यवहार में स्पष्ट दिखाई देता है, भले ही मुल्ला सम्प्रदाय इस यथार्थ को स्वीकार न करे।

जो लोग भारतीय मुसलमानों तथा भारत में इस्लाम के भारतीयकरण की

बात करते हैं, वे अज्ञान और पूर्वग्रह से ग्रस्त हैं तथा यथार्थ से सर्वथा अपरिचित हैं। या उनमें उससे रू-ब-रू न होने की हठधर्मिता है।

भारतीय मुसलमानों की अपनी समस्याएँ हैं। उनकी सबसे बड़ी त्रासदी है—नेतृत्व की संकट। इस सम्प्रदाय में एक तो शिक्षित, विवेकशील बुद्धिजीवियों की संख्या बहुत कम है; दूसरे, उनका समाज पर प्रभाव नहीं के बराबर है। समाज में व्याप्त घोर गरीबी और अशिक्षा का लाभ मुल्ला-मौलवी, शिक्षित-अर्द्धशिक्षित कट्टरवादी तत्त्व उठाते रहे हैं।

हिन्दू सम्प्रदाय की तरह सुधारवादी आन्दोलनों की प्रक्रिया का इसमें काफी हद तक अभाव रहा है। जब-जब भी सुधार की बात चली है, कट्टरवादी तत्त्व आम आदमी की धार्मिक भावनाओं को उत्तेजित कर 'इस्लाम खतरे में है' का नारा देकर सुधारवाद की प्रक्रिया में अवरोधक तत्त्व की भूमिका निभाते रहे हैं। इन तत्त्वों ने सर सैयद अहमद जैसे व्यक्ति तक को नहीं बख्शा और उनके खिलाफ फतवे दिये या दिलवाए। उन्हें काफ़िर तक कहा। असगर अली इंजीनियर के साथ जो कुछ  घटित होता रहा, उससे भी सभी परिचित हैं।

यह विडम्बना ही है कि पाकिस्तान जैसे कट्टर इस्लामिक राष्ट्र और मुस्लिम बहुल बांग्लादेश में सुधारवाद की प्रक्रिया आधी-अधूरी ही सही, सम्भव तो है, किन्तु भारत में नहीं।

मस्जिदों द्वारा संचालित मदरसों में विज्ञान, समाजविज्ञान की पढ़ाई लगभग नहीं होती और इस प्रकार छात्रों को आधुनिक ज्ञान-विज्ञान की उपलब्धियों से पूरी तरह वंचित रखा जाता है। जाहिर है, इन मदरसों में पढ़नेवाले छात्रों को धर्म के नाम पर आसानी से बरगलाया जा सकता है। ऐसा कर ये अपने ही सम्प्रदाय का सर्वनाश करते हैं और दोष औरों पर यानी सरकार पर मढ़ते हैं कि उन्हें विकास के अवसर नहीं दिये जाते।

वोट की राजनीति ने रही-सही कसर भी पूरी कर दी है। मुस्लिम नेतृत्व और इसके तथाकथित पृष्ठपोषक जो अपने-आपको धर्मरिनपेक्ष कहलाने का दावा करते हैं, नहीं चाहते कि इस सम्प्रदाय में जागृति और चेतना फले-फूले क्योंकि ऐसा हुआ तो निहित स्वार्थी तत्त्वों को कौन पूछेगा ? मुस्लिम पर्सनल लॉ इसका ज्वलन्त उदाहरण है जिसमें एक मुसलमान को चार पत्नी तक रखने का हक है। भले ही आम मुसलमान चार पत्नियाँ न रखे पर आधुनिक

युग में यह प्रथा ही बर्बर और स्त्री-विरोधी है। भले ही यह धर्मसम्मत हो।

हिन्दुत्ववादियों ने भी मुसलमानों में साम्प्रदायिकता फैलाने में मदद की है। आए-दिन इनकी देशभक्ति पर उँगलियाँ उठाई जाती हैं, इन्हें पाकिस्तान और कब्रिस्तान भेजने का आह्वान किया जाता है। भारतीय मुसलमान के भारतीयकरण को लेकर बावेला मचाया जाता है। ऐसी बातें इनमें आतंक एवं असुरक्षा की भावना पैदा करती हैं। ये बातें इन्हें बाध्य करती हैं कि ये मुख्यधारा से अलग अपने दड़बों में, अपने अलग मुहल्लों में रहें। जाहिर है, इससे अलगाववाद की भावना पैदा होती है। कहना न होगा कि मुसलमानों में यह आतंक, असुरक्षा और अलगाव की भावना पैदा करने में कट्टरवादी हिन्दुओं की बड़ी भूमिका है।

सम्भवत: हिन्दुत्ववादियों के इन कारनामों से इस्लामी कट्टरवादियों को ऊर्जा और शह मिलती है। हिन्दुत्व का हौआ खड़ा कर वे इस समाज में असुरक्षा की भावना तैयार करते हैं और साम्प्रदायिक आधार पर उन्हें गोलबन्द होने को बाध्य करते हैं। कभी-कभी तो लगता है कि जैसे दोनों ही सम्प्रदाय के कट्टरपन्थियों में कोई दुरभिसन्धि हो ताकि दोनों सम्प्रदायों को बुनियादी अधिकारों के लिए एकजुट होकर यथास्थितिवादी व्यवस्था के विरुद्ध संघर्ष करने से रोका जा सके।

मुस्लिम समाज में जब कोई विवेकसम्मत व विज्ञानपरक चर्चा करता है तो उसके विरुद्ध फतवा दे दिया जाता है। इधर हिन्दू समाज का भी उसे समर्थन नहीं मिलता। वह जाए तो जाए कहाँ? ऐसी हालत में भले ही दमघोंटू हो, अपने दड़बे में सिमटे रहना उसकी बाध्यता है। ऐसे में सुधार की चेष्टा करने की प्रेरणा विकसित नहीं होती, तो यह हैरत की बात नहीं है।

लेकिन इससे इनकार नहीं किया जा सकता कि मुस्लिम समाज में भीतर ही भीतर कुलबुलाहट और हलचल है। विशेषकर शिक्षित युवा पीढ़ी में ऐसे तत्त्व हैं जो समाज को दड़बे से बाहर निकाल मुख्यधारा में लाने की चेष्टा कर रहे हैं। हालाँकि इनकी संख्या बहुत कम है, पर इन्हें व्यापक परोक्ष समर्थन मिल रहा है। कभी भी इस कुलबुलाहट के सतह पर आने की सम्भावना से इनकार नहीं किया जा सकता। शिक्षा का जितना प्रसार होगा, चेतना उतनी ही जागृत होगी। जब चेतना जागृत होगी तो वह कट्टरपन्थी अनुदार नेतृत्व के विरुद्ध बगावत करेगा।

यह स्थिति जब भी आए, उदारपन्थी हिन्दुओं को न केवल उसका स्वागत करना चाहिए बल्कि सक्रिय सहयोग, समर्थन देना चाहिए। दोनों के मसले एक हैं, सुख-दुख साझे हैं। इनका हल मिल-जुलकर ही हो सकता है। अलग रहकर नहीं। आखिर हिन्दू और मुसलमान दोनों ही भारत की मिट्टी में रचे-बसे हैं, यहाँ के अभिन्न अंग हैं। यहीं जन्म लेते हैं, यहीं की मिट्टी में शरीर छोड़ देते हैं। यही तो भारतीयता है जिस पर दोनों ही समाजों को गर्व रहा है।

# शर्म बनाम अस्मिता

दुर्गापूजा की शुरुआत जमींदारों, राजाओं, महाराजाओं से हुई। यह विशुद्ध रूप से पारिवारिक पूजा थी। दुर्गा व अन्य देवी-देवताओं की मूर्तियाँ मिट्टी की न होकर किसी न किसी धातु की होती थीं जिनका विसर्जन नहीं होता था। विदाई समारोह के पश्चात् दूसरी प्राण-प्रतिष्ठा कर इन्हें घर के एक कोने में बने मन्दिर में रखा जाता था।

1757 में अंग्रेज शासकों द्वारा पोषित राजा नबोकृष्ण देव ने शोभाबाजार राजबाड़ी में पहली दुर्गापूजा का भव्य आयोजन किया जिसमें ईस्ट इंडिया कम्पनी के अधिकारियों के अलावा बड़ी संख्या में कुलीन परिवार के सदस्यों को आमंत्रित किया गया था। बतौर मुख्य अतिथि उपस्थित हुए थे—लॉर्ड क्लाइव।

इस पूजा का आयोजन पलासी के युद्ध में भारतीय नवाब सिराजुद्दौला पर विदेशी शासक ईस्ट इंडिया कम्पनी की विजय के उपलक्ष्य में किया गया था। भारतीय पक्ष से विचार करने पर पूजा का यह आयोजन एक शर्मनाक घटना साबित होती है, लेकिन कालान्तर में दुर्गापूजा बंगाल की अस्मिता का प्रतीक बन गई और संस्कृति का बीभत्स विकृत रूप बंगाल की सांस्कृतिक पहचान बन गई।

जमींदारों के घरों में आयोजन होनेवाली इस पूजा में साधारण सामान्य जनों का प्रवेश वर्जित था। यदि था भी तो बहुत ही सीमित था। ऐसी ही एक पूजा में आए बारह नौजवानों को जब प्रवेश नहीं मिला तो उन्होंने मिलकर जिस पूजा का आयोजन किया, सही अर्थों में वही पहली सार्वजनिक पूजा थी, जिसे 'बारो यारी' और बाद में 'बारोवारी पूजा' कहा गया।

लगभग डेढ़ सौ वर्ष पूर्व आयोजित हुई दुर्गापूजा का इस तरह विस्तार और विकास हुआ कि इसने एक उद्योग का रूप ले लिया। पिछले 40-50

वर्षों में बंगाल का औद्योगिक विकास भले ही न हुआ हो, पूजाओं का विकास आश्चर्यजनक रूप से हुआ है। अब तो कोलकाता शहर व इसके आसपास सौ से अधिक ऐसी पूजाएँ आयोजित होती हैं जिनका बजट पचास-साठ लाख से लेकर डेढ़-दो करोड़ तक होता है। उल्लेखनीय तथ्य यह है कि इन पूजाओं का संरक्षक किसी राजनीतिक दल का नेता या इलाके का कोई दबंग होता है। पाँच से सात दिनों तक आयोजित होनेवाले इस पूजनोत्सव में बंगाल की समस्त व्यापारिक, औद्योगिक, प्रशासनिक गतिविधियाँ ठप्प हो जाती हैं। और तो और, पूजनोत्सव के दौरान इसकी भव्यता में किसी प्रकार की खलल न हो, इसको ध्यान में रखते हुए सारी राजनीतिक गतिविधियाँ, आन्दोलन यहाँ तक कि क्रान्ति भी स्थगित कर दी जाती है।

इसे सांस्कृतिक अस्मिता का प्रतीक बतानेवाले यह नहीं बताते कि इस प्रकार न केवल कला और कलाकार को पददलित किया जाता है बल्कि व्यापक स्तर पर हजारों-लाखों मूर्तियों व पूजा-सामग्री का विसर्जन कर तालाबों और नदी को बुरी तरह प्रदूषित भी किया जाता है। एक कलाकार महीनों की मेहनत-मशक्कत से मूर्ति गढ़ता है और मात्र पाँच-सात दिनों तक उसका प्रदर्शन कर उसे विसर्जित कर दिया जाता है। यह कला व कलाकार का अपमान और धन का अपव्यय नहीं तो और क्या है?

धर्म को अफीम की संज्ञा किसी चिन्तक ने दी थी। इसका जीवन्त दृश्य दुर्गा पूजा के दौरान देखने को मिलता है। मिथकीय अन्ध-आस्था में डूबे लोग अश्लील दिखावे व फिजूलखर्ची में अध्यात्म का दर्शन करते हैं।

पूजा-पंडालों पर व पूजा के दौरान ट्राफिक जाम में कितना पेट्रोल-डीजल बर्बाद होता है, इसका यदि कोई हिसाब लगाएगा तो लोग सहज ही विश्वास नहीं करेंगे। एक तरफ पेट्रोल-डीजल के महँगे होने का रोना रोया जाता है तो दूसरी तरफ इस बर्बादी पर कोई दो शब्द नहीं बोलता। दुर्गा पूजा का आयोजन एक धार्मिक अनुष्ठान के रूप में किया जाता है, लेकिन इसमें मौज-मस्ती का ऐसा चरम रूप होता है कि धर्म ढूँढ़ने पर भी दिखाई नहीं देगा। हजारों की संख्या में आयोजकगण रात-दिन चौबीसों घंटे माँ की सेवा में व्यस्त रहते हैं पर यदि कोई इनसे सेवा-कार्य या उत्पादन-कार्य करने को कहे तो बगले झाँकने लगते हैं।

इन पूजाओं ने बंगाल में नौजवानों का एक ऐसा तबका तैयार कर दिया

है जिनकी मौज-मस्ती, पॉकेट-खर्च यहाँ तक कि पर्यटन इन्हीं पूजाओं से होता है। पूजा के लिए चन्दा उगाही एक रंगदारी का रूप ले चुका है। अब हाल यह है कि मामला केवल दुर्गा पूजा तक ही सीमित नहीं रहा है। विश्वकर्मा पूजा और सरस्वती पूजा तक यह सिलसिला चलता है। इन बातों का मतलब यह नहीं है कि उत्सव मनाए ही न जाएँ। लेकिन कोई भी उत्सव फिजूलखर्ची, दिखावा और श्रम की कीमत पर नहीं होना चाहिए। दुर्गा पूजा की यह परिघटना इस विकृति का स्पष्ट उदाहरण है। एक शर्मसार घटना से हुई पूजा की शुरुआत संस्कृति की नहीं, शर्म की प्रतीक है।

# ईश्वर छोटा, गुरु बड़ा

दिल्ली स्थित अक्षरधाम स्थल देखने गया। धन और कला का अद्‌भुत संगम। लगभग सवा सौ एकड़ की परिधि में पसरा हुआ। सैकड़ों करोड़ की लागत से दुनिया भर में फैले धनाढ्‌य गुजरात के पटेलों के गुरु नारायण स्वामी की आदमकद और स्वामी महाराज की तुलना में छोटे कद की अनेक देवमूर्तियाँ इस मन्दिर में स्थापित हैं। आसपास कृष्ण, राम, शिव, गणेश विराजमान हैं। जो धर्म से परिचित नहीं हैं, विशेषकर विदेशी पर्यटक, यही समझेंगे कि राम-कृष्ण आदि स्वामी के अनुचर अथवा शिष्य होंगे। किसी अहिन्दू ने यह दुस्साहस किया होता तो न जाने कितने पीआईएल कोर्ट में दाखिल हो जाते। धार्मिक आस्था पर आघात का जीवन्त उदाहरण! पर अक्षरधाम तो हिन्दू अस्मिता या कहें, पटेल अस्मिता का प्रतीक है। पटेल हिन्दू हैं। इन्हें यह सब करने की छूट है।

अहमदाबाद में पहला अक्षरधाम मन्दिर स्थापित हुआ था। अब राजधानी के अलावा अमरीका और इंग्लैंड में भी अक्षरधाम बन गए हैं। हजारों करोड़ की लागत से बने इन मन्दिरों को पटेलों की अस्मिता के साथ हिन्दू धर्म की अस्मिता से भी जोड़ दिया गया है। लोगों की श्रद्धा देखिए कि भव्यता की चकाचौंध में उन्हें यह तथ्य नजर नहीं आया कि स्वामी जी की तुलना में भगवानों की मूर्तियाँ इतनी बौनी क्यों हैं और केन्द्र में न रखकर इन्हें इर्द-गिर्द कोनों में क्यों रखा गया है? भगवान के प्रति नहीं, गुरु के प्रति अन्ध-आस्था का प्रतीक है अक्षरधाम मन्दिर, जो धन-दौलत के बलबूते फल और फूल रहा है।

# विद्रोह का पर्याय : नज़रुल

नज़रुल इस्लाम (1899-1976) पर राष्ट्रीय स्तर पर आयोजित कई विचार-संगोष्ठियों में मुझे भाग लेने का मौका मिला—किसी में श्रोता के रूप में तो किसी में वक्ता के रूप में। इन संगोष्ठियों में देश के, विशेशकर हिन्दी जगत के, लब्धप्रतिष्ठ प्रकांड विद्वानों, जो वामपन्थी प्रगतिशील के रूप में ख्यातिप्राप्त रहे हैं, ने अपने ओजपूर्ण प्रांजल सम्भाषणों व आलेखों में नज़रुल की प्रशस्ति में अपनी वाक् और लेखन-शक्ति का अद्भुत प्रयोग करते हुए नज़रुल को सदी का महानतम लेखक, चिन्तक बताते हुए आज के सन्दर्भ में उनके व्यक्तित्व और कृतित्व को अत्यधिक प्रासंगिक प्रमाणित करने में कोई कसर नहीं छोड़ी।

इनसे विनम्रतापूर्वक यह पूछने का दुस्साहस करना चाहूँगा कि यदि ऐसा है (मेरी दृष्टि में तो सचमुच ऐसा है) तो इन्होंने आज तक नज़रुल की अवहेलना व उपेक्षा क्यों की? क्षमा-याचना के साथ मैं इसमें 'आपराधिक' शब्द जोड़ना चाहूँगा यानी आपराधिक अवहेलना व उपेक्षा। क्योंकि ये लोग ही तो हैं जो विगत वर्षों से साहित्य से जुड़ी सरकारी समितियों और विश्वविद्यालयों में ऊँचे-ऊँचे पदों पर प्रतिष्ठित रहे। पाठ्यक्रमों के चयन में और पुस्तकों की सरकारी खरीद में इनकी निर्णायक भूमिका रही है। क्या कारण है कि ऐरे-गैरों की इन्होंने सिफारिशें कीं, उन्हें पाठ्यक्रम में लगवाया, उनकी किताबें खरीदवाईं, उनके अनुवाद कराए पर इनके जेहन से नज़रुल का कितना साहित्य छापा? नज़रुल पर विश्वविद्यालयों में, विशेषकर हिन्दी में कितने शोध हुए?

हो सकता है, ये जवाब देने से कतराएँ या इन्हें शर्मिन्दगी का एहसास हो पर मेरे इस प्रश्न का एकमात्र जवाब है कि हिन्दी में शायद ही नज़रुल की किसी पुस्तक का अनुवाद हुआ तथा जहाँ तक मेरी जानकारी है, नज़रुल पर

अब तक कुल दो पुस्तकें लिखी गई हैं। हाँ, नज़रुल की कुछ रचनाओं का 1938 से छिटपुट अनुवाद होता रहा और पत्र-पत्रिकाओं में छपता रहा पर वह बहुत ही नाकाफी, नहीं के बराबर है।

केन्द्रीय सरकार ने नज़रुल जन्म-शताब्दी वर्ष के अवसर पर एक भारी-भरकम समिति बनाई। तत्कालीन प्रधानमंत्री अटल बिहारी वाजपेयी नज़रुल की जन्मस्थली चुरुलिया गए और घोषणा की कि नज़रुल शताब्दी-वर्ष में बहुत कुछ किया जाएगा। हो सकता है, इस मद में सरकार ने करोड़ों रुपए की धनराशि आबंटित की हो। शताब्दी वर्ष आया और चला गया पर सिवा खानापूर्ति के कहीं कोई सुगबुगाहट तक नहीं हुई।

जैसा कि ऊपर लिखा जा चुका है, नज़रुल सचमुच इस सदी के शीर्षस्थ लेखक-कवि-चिन्तक थे और वह अपने काल में तो प्रासंगिक थे ही, आज उससे भी कहीं अधिक प्रासंगिक हैं।

नज़रुल के व्यक्तित्व और कृतित्व में जो अद्भुत विशेषताएँ रही हैं, वह अपने-आपमें विरल हैं। मूलतः उनके व्यक्तित्व और कृतित्व में कहीं भी अन्तरविरोध नहीं है। जो थोड़ा-बहुत दिखता है, वह उन परिस्थितियों में दिखता है, जब वह मानसिक व शारीरिक रूप से लगभग टूट चूके होते थे, पर यहाँ भी उन्होंने अपने मूल आदर्शों के साथ व्यक्तिगत स्वार्थ या लाभ के लिए समझौता नहीं किया।

घोर अमानवीय विषमता और इससे उत्पन्न अकल्पनीय दरिद्रता, धर्मान्धता, साम्प्रदायिकता और विदेशी दासता के विरुद्ध अपने होशो-हवास खोने तक वह निरन्तर संघर्षरत रहे। उन्हीं के शब्दों में :

*मैं महाविद्रोही रणक्लान्त,*
*उसी दिन होऊँगा शान्त,*
*जब उत्पीड़ित का क्रन्दन-रव*
*आकाश-बतास में ध्वनित न होगा*
*आततायी का खड्ग-कृपाण*
*महारणभूमि में रणित न होगा।*

उनको पथ से विचलित करने के लिए क्या-क्या बाधाएँ नहीं आईं! जेल-यातना, लेखन के लिए जुर्माना, पुस्तकों पर प्रतिबन्ध, आर्थिक अभाव

ऐसा कि अपने प्रियतम अबोध बालक को दफन करने के लिए भी कर्ज लेना पड़ा; घर में दो शाम चूल्हा जले, इसके लिए अपनी रचनाएँ, उनसे प्राप्त रॉयल्टी तक गिरवी रखनी पड़ी। उस पर तुर्रा यह कि तत्कालीन अभिजात, कुलीन रचनाकारों ने उनकी अवहेलना-उपेक्षा ही नहीं की, बल्कि उन पर लांछन भी लगाया कि उन्हें लिखना नहीं आता, उनकी भाषा बड़ी सपाट और खुरदरी है, प्रांजल्य-लालित्य का सर्वथा अभाव है, आदि-आदि। इतना ही नहीं, साम्प्रदायिक सद्भाव के प्रतीक, मन-वचन-कर्म से मानवतावादी नज़रुल पर हिन्दू और मुस्लिम—दोनों धर्मान्ध तत्त्वों द्वारा प्रहार किए जाते रहे।

नज़रुल ने इन सबका डटकर मुकाबला किया। उनकी एकमात्र ऊर्जा थी उनको मिला व्यापक जनसमर्थन। उन्हें लोग सुनते ही नहीं थे बल्कि उनकी कविताओं को शिक्षित, यहाँ तक कि अशिक्षित श्रमिक-किसान, मध्यवर्गीय लोग गाते थे, उनका पाठ करते थे और विदेशी दासता से मुक्ति के लिए उनसे प्रेरित होकर स्वाधीनता आन्दोलन में बढ़-चढ़कर हिस्सा लेते थे।

वह पहले कवि थे जिन्हें 'आनन्दमयी का आगमन' शीर्षक कविता के लिए 1922 में गिरफ्तार किया गया तथा 1923 में एक वर्ष के सश्रम कारावास से दंडित किया गया। इस कविता में वह लिखते हैं :

*कब तक छिपी रहोगी तुम*
*मिट्टी की मूरत की ओट?*
*क्रूर अत्याचारियों के हाथों*
*आज स्वर्ग भी अवदमित है।*
*परमात्मा के बच्चों पर बरसते हैं कोड़े*
*वीर युवकों को दी जा रही है फाँसी*
*भारत आज बना है एक कसाईखाना।*
*हे महाविनाशिनी! कब आओगी तुम?*
*प्रभु के सैनिक भुगत रहे हैं जेल-यातना*
*निष्कासित हैं सुदूर द्वीप पर*
*कौन आएगा रणभूमि में*
*जब तक नहीं आओगी तुम*
*खड्ग हाथ में लिये?*

अंग्रेजी-हुकूमत किसी भी क्रान्तिकारी से कहीं अधिक भयभीत नज़रुल और उनके लेखन से रहती थी। तभी तो एक के बाद एक उनकी पुस्तकें प्रतिबन्धित होती रहीं, उनके द्वारा सम्पादित पत्र-पत्रिकाओं पर जुर्माना लगाया जाता रहा। पर हुकूमत की दमनकारी नीति ने नज़रुल को जनता के बीच और अधिक लोकप्रिय ही बनाया। वह जन-जन के हृदय-सम्राट बन गए।

धर्मान्धता, परम्पराओं और रूढ़ियों पर नज़रुल निर्मम होकर प्रहार करते थे। उनका यह विश्वास था कि जरा-जीर्ण निरर्थ अतीत से पीछा छुड़ाए बिना इन समस्याओं से मुक्ति सम्भव नहीं है। एक जगह वह लिखते हैं :

*अतीत के प्रति अतिशय मोह*
*काट डालो वर्तमान के कुठार से*
*जगाओ उन्हें जो अभी भी हैं सोए*
*अपने भयंकर वज्रनाद से।*

'धुमकेतु' के प्रथम अंक के सम्पादकीय में वह कहते हैं : 'इस देश में सड़न बहुत अन्दर तक बिलकुल बीचोबीच घुस चुकी है, जब तक उसे पूरी तरह दूर नहीं कर दिया जाएगा, तब तक नया देश नहीं बनाया जा सकता। धूमकेतु अपनी आग से देश के सब दुश्मनों, झूठ-शब्दाडम्बर और पाखंड को जड़ से उखाड़कर फेंक देगा।'

नज़रुल मनुष्य-धर्म को सबसे बड़ा धर्म मानते थे। मन्दिर-मस्जिद, कुरान-पुराण पर अपनी प्रतिक्रिया व्यक्त करते हुए वह कहते हैं :

*क्यों डालते हो यह सब अपने दिमाग में*
*दुकान के मामूली मोल-भाव की तरह*
*जबकि राह में सजे हैं खिलते हुए फूल*
*अपना हृदय खोलो...तुम्हीं में हैं*
*सारे धर्मोपदेश*
*सभी युगों का सारा ज्ञान*
*तुम्हीं में हैं सारे धर्म*
*सारे पैगम्बर...तुम्हारा हृदय ही है*
*सभी देव-देवियों का विश्वमन्दिर।*

भारतीय उपमहाद्वीप में सदियों से मन्दिर–मस्जिद को लेकर विवाद और हिंसात्मक टकराव होते रहे हैं और हजारों–लाखों लोग मारे जा चुके हैं और मानव–हत्या का यह दुष्कर्म आज भी जारी है। इसको लेकर नज़रुल व्यथित और मर्माहत होते हैं और पूछते हैं :

'क्या मन्दिर और मस्जिद मनुष्य से ज्यादा महत्त्वपूर्ण हैं? अपने पवित्र पैरों तले कुचली मिट्टी से ईंट बनाकर मनुष्य ने मन्दिर–मस्जिद का निर्माण किया। यदि मन्दिर या मस्जिद से दो ईंटें गिर गईं तो क्या इस नाम पर दो सौ सिरों को हलाक किया जाएग?... मानवता के पैरों तले कुचली मिट्टी से मन्दिर की अटारी और मस्जिद तो फिर खड़े हो जाएँगे, केवल वे कभी खड़े नहीं हो पाएँगे जो थोड़ी–सी रोशनी, थोड़ी–सी हवा, दवा की एक बूँद और दो चम्मच बार्ली–पानी तक न पा सके। पूरी कौम की कमीनगी के पश्चात्ताप–स्वरूप वे तिल–तिलकर मर रहे हैं...'

मन्दिर और मस्जिद को नज़रुल ईश्वर तक पहुँचने में एक अवरोधक तत्त्व मानते हैं। कुरान–पुराण आदि धार्मिक ग्रन्थों को भी वह ईश्वर तक पहुँचने का जरिया नहीं मानते।

'मन्दिर–मस्जिद' लेख में एक स्थान पर वह कहते हैं : 'मुझे आश्चर्य होता है, लाखों भूखे–नंगे गरीब मजलूम लोग दिन–पर–दिन मन्दिर और मस्जिद के करीब से गुजरते हैं। फिर ये पूजा–स्थल जो मनुष्य के किसी काम के नहीं हैं, विखंडित क्यों नहीं होते? धरती पर कोई भूचाल क्यों नहीं आता है? महाविनाशकारी रुद्र इन पूजा–गृहों का विनाश क्यों नहीं करते?...'

नज़रुल का ईश्वर धर्म–मतावलम्बियों के ईश्वर से भिन्न है। मनुष्य की वेदना और शोषण के प्रति निरपेक्ष ईश्वर के सीने पर विद्रोही भृगु बनकर वह अपने पदचिह्न अंकित करना चाहते हैं।

नज़रुल वह पहले व्यक्ति थे जिन्होंने पूर्ण स्वाधीनता की माँग की। जब राजनीतिक नेतृत्व इस उधेड़बुन में था कि अंग्रेजी सरकार से किस हद तक स्वायत्तता की माँग की जाए, उन्होंने 13 अक्टूबर, 1922 के 'धूमकेतु' के अंक में घोषणा की : 'पूर्ण स्वाधीनता, और कुछ नहीं।'

नज़रुल की दृष्टि में भारत एक महान देश है जिसने अपनी गोद में बिना किसी भेद–भाव के सभी धर्मावलम्बियों, सम्प्रदायों को स्थान दिया है। वह लिखते हैं :

*हे महान भारत! समग्र मानवता को तूने*
*दिया है अपनी गोद में स्थान*
*हिन्दू, बौद्ध, जैन, पारसी*
*ईसाई, सिख और मुसलमान।*

काश, हम नज़रुल के स्वप्न को साकार कर पाते! समता-न्याय के प्रबल पक्षधर नज़रुल के हृदय में शोषक वर्ग के प्रति तीव्र आक्रोश था। उनके आक्रोश की झलक इन पंक्तियों में मिलती है :

*...जो लोग छीन कर खा रहे हैं*
*तैंतीस करोड़ भूखों का ग्रास*
*मेरे रक्त से लिखा जाए*
*उनका सर्वनाश... !*

भगवान से उनको शिकायत है :

'...भगवान, तुम आज भी हो क्या? तब क्यों उन लोगों के गाल कोलतार और चूने से पुत नहीं जाते, जो इस बच्चे का रक्त-शोषण कर रहे हैं?'

स्त्री के प्रति नज़रुल के विचार कम क्रान्तिकारी नहीं थे। स्त्री की समानता और मुक्ति को लेकर उन्होंने जो कुछ लिखा, उस वक्त इतना कुछ लिखने का साहस बिरले लोगों में ही था। वह पुरुष वर्ग को धिक्कारते हैं कि उसने स्त्री को कैद कर रखा है और स्त्री का आह्वान करते हैं कि वह उस जंजीर को तोड़ डाले जिसने उसे बन्दी बनाकर रखा है। वह लिखते हैं :

'...ऐ दुनिया के लोगो! सुनो, दूसरों को जितना सताओगे, खुद उतने ही पुरुषत्वहीन होते जाओगे। ऐ स्त्री! तुम्हें सोने-चाँदी की मायापुरी में किसने कैद किया है? कौन है वह आततायी? आज तुम्हें अपने-आपको प्रकाश में लाने की बेचैनी नहीं है। आज तुम डरपोक हो। नेपथ्य से बातें करती हो...।

ऐ स्त्री! फाड़ डालो घूँघट, तोड़ डालो उस जंजीर को। गुलामी के चिह्न-स्वरूप सारे गहनों को उतार फेंको। वह दिन दूर नहीं जब दुनिया पुरुष के साथ-साथ स्त्री का भी जयगान करेगी।'

नज़रुल वारांगना में उस माँ के स्वरूप को देखते हैं जो महावीर द्रोण, कृष्ण द्वैपायन, दानवीर कर्ण, ऋषि सत्यकाम, मानवप्रेमी यीशू को जन्म देती है। वह कहते हैं :

*तो सुनो धर्मगुरुओ!*
*वैध और अवैध बच्चे में नहीं है भेद कोई*
*चरित्रहीन माँ का पुत्र है यदि अवैध*
*तो अवैध ही है दुष्चरित्र पिता का पुत्र भी।*

इस्लाम में जेहाद के नाम पर जो कुछ खूनखराबा होता रहा है और आज भी हो रहा है, नज़रुल ने उस पर बहुत ही सटीक टिप्पणी की है। 'हजरत' शीर्षक कविता में वह लिखते हैं :

*तुमने नहीं चाही थी यह बीभत्स मार-काट*
*धर्म के नाम पर*
*नहीं दी थी तुमने हमारे हाथों में तलवार*
*तुमने तो दिये थे अमर सन्देश*
*सहिष्णुता का तुम्हारा सन्देश भूल चुके हैं हम*
*और उन्मुख हुए हैं धर्मान्धता की ओर*
*इसीलिए अब नहीं होती बारिश हम पर*
*स्वर्ग से तुम्हारे आशीर्वाद की।*

धर्म में धर्मनिरपेक्षता का यह एक अद्‌भुत प्रयोग है। धर्म के नाम पर फैलाई जा रही नफरत और हिंसा के विरुद्ध लिखते हुए वह हिन्दू धर्म के धर्मगुरुओं को भी नहीं बख्शते, उन पर भी निर्मम होकर प्रहार करते हैं।

नज़रुल के बारे में बिना लाग-लपेट के कहा जा सकता है कि भारतीय स्वाधीनता संग्राम में उन्होंने धर्मनिरपेक्ष आदर्शों को न सिर्फ स्थापित किया बल्कि लेखन व कर्म से उन्हें आगे बढ़ाया तथा तत्कालीन बौद्धिक वर्ग को ही नहीं, साधारण आदमी को भी इन आदर्शों के प्रति प्रेरित किया।

नज़रुल के समग्र लेखन व कर्म में धर्मनिरपेक्षता के प्रति उनकी प्रतिबद्धता स्पष्ट झलकती है। उनकी धर्मनिरपेक्षता खोखली धर्मनिरपेक्षता नहीं है, क्योंकि वह समझते थे कि समता, सामाजिक न्याय व साम्प्रदायिक सद्‌भाव के अभाव में धर्मनिरपेक्षता बेमानी है और इसके लिए ईश्वर को भी चुनौती देनी पड़े तो दी जानी चाहिए। केवल धर्मनिरपेक्षता का राग अलापने से धर्मनिरपेक्षता नहीं आएगी, जैसा कि आज तक का हमारा अनुभव बताता है।

नज़रुल की यह विरल विशेषता थी कि उन्होंने जो कुछ लिखा, उसमें न

सिर्फ उनकी गहरी आस्था थी, बल्कि वह उसमें जीते थे। उनमें पाखंड लेश-मात्र नहीं था।

आज हम जिन परिस्थितियों में जी रहे हैं, उनको दृष्टि में रखते हुए नज़रुल की प्रासंगिकता पर क्या कोई प्रश्नचिह्न लगा सकता है? आज आवश्यकता है समाज में व्याप्त घोर विषमता, साम्प्रदायिकता से बिना किसी लाग-लपेट और समझौते के उस पर निर्मम, निष्ठुर होकर प्रहार करने की। इन सबके लिए जिम्मेवार मानव-विरोधी शक्तियों से मुकाबले के लिए नज़रुल न केवल हमारे मार्गदर्शक हैं बल्कि एक मजबूत हथियार भी हैं। वह भारत ही नहीं, भारतीय महाद्वीप के लिए और मानव-जाति के लिए एक मशाल हैं और रहेंगे।

# जनचेतना के वाहक : राहुल

बहुआयामी व्यक्तित्व और विलक्षण प्रतिभा के धनी राहुल सांकृत्यायन (1893-1963) अपने जीवनकाल में ही एक लीजेंड बन गए थे। उनके बारे में उनके जीवनकाल से अब तक बहुत कुछ लिखा गया है, पर राहुल के व्यक्तित्व और कृतित्व का सही आकलन करते हुए बहुत ही कम लिखा गया है। कभी-कभी तो ऐसा लगता है, जैसे जान-बूझकर या किसी षड्यंत्र के तहत उनकी उपेक्षा की गई और उनको गलत ढंग से पेश किया गया।

यथास्थितिवादियों, दोषयुक्त व्यवस्था के पोषकों और दलालों ने राहुल की इसलिए अपेक्षा की कि उनके निहित स्वार्थों पर आघात पहुँचता। हिन्दी जगत का बौद्धिक वर्ग, जिसमें उनके समकालीन दिग्गज चिन्तक, आलोचक, रचनाकार भी शामिल हैं, उनके विशिष्ट प्रभामंडल, क्रान्तिकारी चिन्तन, व्यवस्था में आमूल परिवर्तन के क्रान्तिकारी चरित्र और प्रखर लेखन से या तो आतंकित रहे या ईर्ष्या की अग्नि में प्रज्वलित होते रहे। अधिकांश रचनाकारों की रूढ़िग्रस्त, जड़ मानसिकता राहुल के अनीश्वरवादी, पर मानवतावादी सोच को स्वीकार नहीं कर पाई।

राहुल की सबसे बड़ी उपलब्धि है उनका व्यापक पाठक वर्ग। राहुल हिन्दी या भारत के ही नहीं, विश्व के उन बिरले चिन्तकों में से हैं, जिनके चिन्तन ने पाठक वर्ग को गहराई तक प्रभावित किया। तीस और चालीस के दशक में राहुल की कृतियों को पढ़कर हिन्दी क्षेत्र के हजारों नौजवान कम्युनिस्ट हुए या रूढ़ियों और कुसंस्कारों से काफी हद तक मुक्त हुए। इसीलिए शासक वर्ग और उसके दलाल बुद्धिजीवियों ने इस बात का भरसक प्रयत्न किया कि राहुल की कृतियाँ उसके पाठक वर्ग तक न पहुँच सकें। पाठ्यक्रमों में उनकी पुस्तकें नहीं के बराबर हैं और सरकारी खरीद का भी यही हाल है।

उनकी जन्म-शताब्दी के अवसर पर सरकार की ओर से जो कुछ किया

गया, वह औपचारिकता या खानापूर्ति के सिवा कुछ भी नहीं था। उक्त अवसर पर अधिकांश लेखकों द्वारा राहुल के बारे में जो कुछ लिखा गया, उसमें राहुल को बहुत ही गलत ढंग से पेश किया गया। उनके मूल विचारों से उसका कोई सम्बन्ध नहीं था।

किसी ने उन्हें पुनर्जागरण का पुरोधा माना है तो किसी ने सुधारवादी। उनकी तुलना विवेकानन्द से करते हुए उन्हें उनके समकक्ष बताया गया। उनके बारे में यह भी लिखा गया कि वे बराबर अपने विचार बदलते रहे। उनमें वैचारिक विरोधाभास भरा पड़ा है। उनके लेखन और चिन्तन में गहराई नहीं है। स्त्रियों के प्रति उनमें विशेष कमजोरी थी और उनकी तिब्बत-यात्रा के पीछे भी उनकी यही कमजोरी, एक मुख्य कारण के रूप में बताई गई। एक लेखक ने तो यहाँ तक लिख दिया कि अनीश्वरवादी राहुल ईश्वर की अनुपम कृति थे।

उनकी भाषा को लेकर कहा गया कि वह बड़ी लचर और ढीलीढाली है। यह भी कहा गया कि उन्होंने मूल लेखन तो नहीं के बराबर किया, केवल अनुवाद ही किया और इधर-उधर से सामग्री बटोरकर अपने नाम से लिख डाली, आदि-आदि। लेकिन इनमें अपवाद भी हैं जिन्होंने राहुल का सही आकलन करते हुए उन्हें सही ढंग से पेश करने की चेष्टा की है। पर अपवाद तो अपवाद ही होता है।

राहुल के बारे में कुछ बातें बहुत स्पष्ट रूप से, ईमानदारी से कही जानी चाहिए। मसलन, वे न तो पुनर्जागरण के पुरोधा थे, न सुधारवादी। 14 वर्ष की उम्र में कलकत्ता की एक खैनी की दुकान से शुरू हुई उनकी जीवन-यात्रा, अन्ततः अपनी मंजिल मार्क्सवाद तक पहुँचती है। राहुल मार्क्सवाद के प्रति अत्यन्त भावुक हो उठते थे। अतिरेक में वे कहीं-कहीं अन्ध-आस्था तक जाते लगते हैं। पर आज के मार्क्सवादी, कम्युनिस्टों से राहुल की तुलना करना उनके साथ अन्याय होगा। उनमें कठमुल्लापन नहीं था, न प्रदर्शन, न दिखावा, न कथनी-करनी में अन्तर। मन, वचन और कर्म से वे मार्क्सवादी थे।

बुद्ध के 'बहुजन हिताय' के मानवतावादी सोच ने उन्हें पहले बौद्ध बनाया और शोषणमुक्त समाज की परिकल्पना ने मार्क्सवादी बनाया था। उनका मार्क्सवाद द्वन्द्वात्मक भौतिकवाद के परिवर्तनशील सिद्धान्त पर आधारित था। वे रूस या चीन की आकाओं से निर्देशित नहीं होते थे। उनके सोच की

जड़ें भारत में थीं। वे मार्क्सवाद को भारतीय सन्दर्भ में देखते थे।

रूस और चीन में मार्क्सवाद पर आधारित समाजवादी व्यवस्था में जनसाधारण को मानव-इतिहास में पहली बार जो उपलब्धियाँ हासिल हुईं, उनसे उनका प्रभावित होना स्वाभाविक था।

समाज के कटु से कटु आलोचक भी यह स्वीकार करते हैं कि रूस में समाजवादी व्यवस्था में बेरोजगारी, निरक्षरता, समाजवादी क्रान्ति के मात्र अठारह वर्षों बाद यानी 1935 में पूर्णत: समाप्त कर दी गई थी और प्रत्येक व्यक्ति को चिकित्सा, आवास आदि की सुविधा हासिल करवा दी गई थी। मानव इतिहास में यह अभूतपूर्व उपलब्धि थी। 65 वर्षों की समाजवादी व्यवस्था में आवश्यक वस्तुओं के दाम लगभग नहीं के बराबर बढ़े। यह बात दीगर है कि बाद के वर्षों में पश्चिम के मुकाबले जीवन-स्तर में रूस के लोग पिछड़ गए। व्यक्ति स्वातंत्र्य का हनन हुआ। उपभोक्ता सामग्री की गुणवत्ता और उपलब्धि भी पश्चिम के मुकाबले काफी नीचे रही। अमरीका के नेतृत्व में पश्चिम के अरबों-खरबों डॉलर के सशक्त प्रचारतंत्र, घुसपैठ आदि ने रही-सही कसर पूरी कर दी और समाजवादी व्यवस्था का अवसान हो गया। यह तो भविष्य ही तय करेगा कि यह गलत हुआ या सही, आज किसी निष्कर्ष पर पहुँचना गलत होगा। पर सोवियत संघ की समाजवादी क्रान्ति न होती तो पूँजीवादी व्यवस्था में सामाजिक-आर्थिक सुरक्षा को स्थान न मिलता।

राहुल ईश्वर और धर्म की अवधारणा को पूरी तरह नकारते थे। वे धर्म और ईश्वर को मानव-जाति के विकास तथा समता पर आधारित समाज के मार्ग में सबसे बड़ी बाधा मानते थे। उनका विश्वास था कि धर्म और ईश्वर के रहते शोषणमुक्त समाज की परिकल्पना नहीं की जा सकती, क्योंकि जब ईश्वर ही सब कुछ का नियन्ता है और मनुष्य पूर्वजन्म के कर्मफल के अनुसार अमीर-गरीब, सुखी-दुखी, सन्तानयुक्त-सन्तानहीन होता है तो इस स्थिति को बदलनेवाले आप कौन होते हैं ?

राहुल का मानना था कि जो दर्शन धर्म का पिछलग्गू है या जिसकी उत्पत्ति धर्म से हुई है, वह शोषण व अन्याय पर आधारित व्यवस्था, धर्मभीरुता, अन्ध-आस्था, जड़ मानसिकता का पोषण करता है। स्वतंत्र चिन्तन से रहित दर्शन, समाज के अति अल्पसंख्यक वर्ग के बौद्धिक विलास का साधन होता है। वह जनसापेक्ष नहीं, जननिरपेक्ष होता है।

धर्म, दर्शन, राजनीति जैसे गूढ़ विषयों पर उनका लेखक समाज के विशिष्ट विद्वत् वर्ग मात्र के लिए नहीं होता था, सामान्य पाठकों तक अपनी बात पहुँचाने और उनके गले उतारने के लिए होता था। अपनी किताब 'भागो नहीं, दुनिया को बदलो' में उन्होंने मानव-समाज से जुड़ी समस्याओं पर बहुत गहराई से व स्पष्ट दृष्टि से सहज, सुलभ आम आदमी की समझ में आनेवाली चौपाल की भाषा में प्रकाश डालते हुए लिखा है : 'आभिजात्य वर्ग को स्वभावतः यह अखरेगा कि गाँव का अशिक्षित, अर्द्धशिक्षित, साधारण मजूर, किसान मार्क्स, धर्म, ईश्वर, दर्शन पर बात कैसे कर सकता है ?' राहुल ने यह कर दिखाया। लिहाजा इस वर्ग का नाराज होना स्वाभाविक था।

'दर्शन-दिग्दर्शन' में राहुल ने देश-विदेश के विभिन्न दर्शनों का संक्षिप्त परिचय देते हुए जो कुछ लिखा, उससे एक साधारण पाठक भी दर्शन का सामान्य ज्ञान प्राप्त कर सकता है। वे दिग्गज दार्शनिक राधाकृष्णन्, जे.जे. कृष्णमूर्ति की तरह अतिक्लिष्ट, पांडित्यपूर्ण और आम आदमी की समझ से परे भाषा को व्यक्त करने की कला में अपनी मेधा का प्रयोग करते हुए पाठकों को चमत्कृत एवं मुग्ध करने में विश्वास नहीं करते थे।

'विश्व की रूपरेखा', 'मानव समाज', 'वैज्ञानिक भौतिकवाद' और 'दर्शन-दिग्दर्शन' में उन्होंने मानव-जाति के सृष्टिकाल से आज तक के विकास-क्रम पर प्रकाश डाला है। यही बात कोई एक लेखक या कई लेखक सौ-पचास खंडों में कहते तब भी साधारण आदमी के लिए समझना सम्भव नहीं था। पर राहुल ने मात्र चार खंडों में मानव-विकास की यात्रा से अपने पाठकों को बड़ी सहजता से परिचित करा दिया।

उनका यह मानना था कि आम आदमी की मानसिकता को बदले बिना और उसमें चेतना जागृत किए बिना भाग्यवादी यथास्थिति में परिवर्तन कतई सम्भव नहीं है। इसीलिए उन्होंने 'तुम्हारी क्षय', 'दिमागी गुलामी' और 'भागो नहीं, दुनिया को बदलो' जैसी पुस्तकें लिखीं, जिनमें मनुष्य को अकर्मण्य, जड़, भाग्य और भगवान पर निर्भर बनानेवाले धर्म व उसकी आचार संहिताओं को आर्थिक-सामाजिक विषमता के लिए जिम्मेवार ठहराते हुए विवेकसम्मत, वैज्ञानिक तर्कों से उन पर निर्ममता से प्रहार किया।

'वोल्गा से गंगा' में कहानियों के माध्यम से मानव-सृष्टि के आदिकाल से आधुनिक काल तक मानव समाज के विभिन्न पहलुओं पर और उसके

आर्थिक, सामाजिक, सांस्कृतिक विकास की प्रक्रिया पर प्रकाश डाला गया है।

राहुल विशुद्ध मानवतावादी थे। उनके मानवतावादी सोच में शोषक वर्ग का कोई स्थान नहीं था। शोषित वर्ग के प्रति उनकी सहानुभूति थी, उससे वे अन्तरंग रूप से जुड़े थे। समाजवाद से ही शोषणहीन समाज की स्थापना हो सकती है, ऐसी उनकी मान्यता थी। एक बार नहीं, कई-कई बार जेल जाना, किसान-मजदूरों के लिए आन्दोलन करते हुए सिर फुड़वाना यह प्रमाणित करता है कि वे इस देश के सबसे कमजोर वर्ग से मन, वचन, कर्म से, पूरी निष्ठा से जुड़े थे।

उनकी कल्पना एक ऐसे समाज की थी जिसमें कोई भूखा नहीं रहेगा, कोई बेरोजगार नहीं होगा, कोई आवासहीन नहीं होगा, हर किसी को चिकित्सा की सुविधा प्राप्त होगी और हर बालक शिक्षा प्राप्त कर सकेगा, वह समाज समता और न्याय पर आधारित होगा, अपराधों से मुक्त होगा। उसमें मनुष्य-मनुष्य के बीच किसी प्रकार का भेदभाव नहीं होगा। न लिंगभेद होगा, न जातिभेद। इन यूटोपियन विचारों से ओतप्रोत उनकी पहली पुस्तक थी—'बाईसवीं सदी', जो 1921-22 में लिखी गई थी। तब तक राहुल मार्क्सवाद से पूरी तरह परिचित नहीं हुए थे। यह उनकी मौलिक कल्पना थी। मनुष्य के प्रति उनका यह गहरा लगाव हमेशा रहा।

राहुल अन्तरराष्ट्रीयतावादी होते हुए भी देशभक्त, भारतीय थे। यहाँ तक कि अपने जनपद से भी उनका गहरा लगाव और रिश्ता था। अपने गाँव और बचपन के मित्रों-परिचितों को उन्होंने कभी नहीं भुलाया।

अनुवाद के क्षेत्र में उनका अवदान अपूर्व एवं अनुपम है। प्राकृत, पालि जैसी विलुप्त होती भाषाओं का अध्ययन कर पहली बार त्रिपिटक का अनुवाद किया। इसके अलावा दुरूह, दुर्गम, जोखिम भरे मार्ग से पैदल तिब्बत जाना और वहाँ से दुर्लभ प्राचीन साहित्य लाकर उनका अनुवाद करना क्या साधारण कोटि का कार्य था? अगर उन्होंने यह कार्य न किया होता तो प्राचीन साहित्य के कई महत्त्वपूर्ण पक्षों से हम परिचित ही नहीं हो पाते।

इतना ही नहीं, दुर्लभ हस्तलिपियों, सिक्कों, मूर्तियों आदि को पटना के अजायबघर को दे देना क्या कम बड़ा त्याग था? वे चाहते तो इनको देश-विदेश में बेचकर करोड़ों कमा लेते। हिन्दी साहित्य, हिन्दी जगत क्या उनके ऋण से कभी उऋण हो पाएगा?

बहुजन हिताय (सर्वजन नहीं) के प्रति उनकी प्रतिबद्धता अडिग थी। समता और न्याय के वे प्रबल पक्षधर थे। उनका कर्म और लेखन सिद्धान्तों और आदर्शों के प्रति प्रतिबद्ध था। और वे जो कुछ भी लिखते थे, मिशनरी भाव से लिखते थे। उनका चिन्तन और लेखन अनुभव और अध्ययन से प्रभावित होकर विकसित हुआ, पर उसमें कभी भटकाव नहीं आया। बिना रुके, बिना भटके, बिना दाएँ-बाएँ चले वे एक सुनिर्दिष्ट मंजिल की ओर निरन्तर अग्रसर हो रहे।

उन्होंने जो कुछ देखा, पढ़ा और अनुभव किया, वह सब कुछ दे देना चाहते थे। कम से कम समय में ज्यादा से ज्यादा लिखने का कारण यह था कि अपने जीवनकाल में ही सब कुछ देकर पूरी तरह उऋण होना चाहते थे। इसलिए उनकी भाषा में तथा कहीं-कहीं तथ्यों में त्रुटियाँ रह गई हैं, जो स्वाभाविक हैं। इसके पीछे उनकी कुटिलता या चातुरी नहीं है बल्कि निर्दोष भाव है। उच्चकोटि का साहित्य लिखने या भाषाविद् कहलाने की उनकी कोई लालसा नहीं थी। वे तो अपने विचारों और भावों को लोगों तक पहुँचाने को आतुर और लालायित रहते थे। ऐसे व्यक्ति से यह अपेक्षा करना कि वह भाषा के पांडित्य, लालित्य, प्रांजल्य, वाक्य-विन्यास या शब्दों की जुगाली आदि पर ज्यादा जोर देगा, गलत होगा। वे सिर्फ लिखने के लिए नहीं लिखते थे। उनका लेखन जन-निरपेक्ष नहीं, जन-सापेक्ष होता था।

राहुल को और राहुल के लेखन को बहस का मुद्दा बनाया जाए, उनके लेखन को लेकर डॉक्टरेट की उपाधि प्राप्त की जाए या लाखों रुपए खर्च कर ठंडे घरों में बौद्धिक-विलास किया जाए, इससे कहीं अधिक आवश्यक है कि उनकी पुस्तकों को, विशेषकर 'भागो नहीं, दुनिया को बदलो', 'दिमागी गुलामी', 'तुम्हारी क्षय' आदि को, अधिक से अधिक संख्या में छपवाकर अधिक से अधिक लोगों तक पहुँचाया जाए ताकि धुन्धभरी और प्रदूषण जड़ मानसिकता में चेतना जगाने की क्रिया में मदद मिले।

राहुल का लेखन आज काफी प्रासंगिक है या यूँ कहें कि आज वह उनके अपने जीवनकाल से कहीं अधिक प्रासंगिक हैं। इसकी वजह यह है कि राहुल के वक्त जो परिस्थितियाँ थीं, आज वे उससे कहीं बदतर हुई हैं। कम से कम भारत में विषमता, शोषण और अन्याय बढ़ा है। गरीबी और गरीबी से उत्पन्न बीमारियाँ बढ़ी हैं। निरक्षरों की संख्या में वृद्धि हुई है। इन सबके साथ

अन्ध-आस्था, धर्म की सत्ता और कर्मकांड बढ़े हैं। आदर्शों को तिलांजलि दे, आदर्शहीनता को ही आदर्श के रूप में आरोपित किया जा रहा है। ऐसी स्थिति में निश्चित रूप से राहुल के लेखन की प्रासंगिकता बढ़ी है।

अन्ध-आस्था, कुसंस्कार, जादू-टोने, साम्प्रदायिकता, जातिगत भेदभाव आदि के विरुद्ध राहुल का साहित्य प्रभावी एवं कारगर हथियार होगा। शोषण व विषमता के स्थान पर समता और न्याय की स्थापना की प्रक्रिया में यह पथ-प्रदर्शक होगा, इसमें रत्ती भर भी सन्देह नहीं है।

राहुल ने न तो अपने लेखन की श्रेष्ठता का दावा किया, न अपने विचारों के अन्धानुकरण की बात कभी कही। विवेकसम्मत, विज्ञानपरक विकासशील तथा परिवर्तनशील सिद्धान्त को माननेवाला ऐसा कर भी कैसा सकता है? वह बार-बार कहते थे, आनेवाली पीढ़ी मुझसे अच्छा लिखेगी ताकि लोग राहुल को भूल जाएँ। उनकी इस विनम्रता में छद्म नहीं था, सच्चाई थी।

राहुल को, विशेषकर उनके विचारप्रधान साहित्य को, एक बार नहीं, बार-बार पढ़ने-पढ़ाने और उसे जीवन में ढालने की आवश्यकता है। इससे दृष्टि खुलती और विकसित होती है। रूढ़ियाँ, जड़ता, अन्धविश्वास, भाग्य और भगवान से लड़ने में मदद मिलती है। समता और न्याय पर आधारित बहुजन हिताय के समाज की परिकल्पना को साकार रूप देने के लिए किए जा रहे संघर्ष में राहुल का साहित्य एक कारगर हथियार का काम कर सकता है।

अन्त में राहुल के कुछ उद्धरण पाठकों के लिए प्रस्तुत करना चाहूँगा।

'दिमागी गुलामी' में उन्होंने लिखा है :

> ...भूकम्प क्यों होता है? चिपटी धरती के महान भार को शेषनाग ने अपने कन्धे पर उठा रखा है। थककर वे जब उसे एक कन्धे से हटाकर दूसरे पर रखते हैं, तब भूकम्प आता है। आज कौन इस व्याख्यान को मान सकता है? कौन चन्द्रमा और सूर्य के ग्रहण को राहू दैत्य का अत्याचार बतला सकता है? लेकिन किसी समय हमारे पूर्वजों के लिए ये बातें ध्रुव-सत्य थीं। विज्ञान ने हमारे अज्ञान की सीमा को कितनी ही दिशाओं में बहुत संकुचित किया है; और जितनी ही दूर तक हमारे ज्ञान की सीमा बढ़ती गई, वहाँ से ईश्वर और देवता वाला उत्तर हटता गया है। अब भी अज्ञान का क्षेत्र बहुत लम्बा-चौड़ा है, लेकिन आज के मनीषी

उसे साफ अज्ञान के रूप में स्वीकार करने के लिए तैयार हैं, न कि ईश्वर और देवता के पर्दे में उसे छिपाकर।

'बौद्ध दर्शन' में वह लिखते हैं :

> ...ईश्वरवादी कहते हैं—चूँकि हर एक कार्य का कारण होता है, इसलिए संसार का भी कोई कारण होना चाहिए; और वह कारण ईश्वर है। लेकिन प्रश्न किया जा सकता है—ईश्वर किस प्रकार है ? यदि ईश्वर-जगत का उपादान कारण है, तो जगत ईश्वर का रूपान्तर है। फिर संसार में जो बुराई-भलाई, सुख-दुख, दया-क्रूरता देखी जाती है, वह सभी ईश्वर से है और ईश्वर में है। फिर तो ईश्वर सुखमय की अपेक्षा दुखमय अधिक है, क्योंकि दुनिया में दुख का पलड़ा भारी है। ईश्वर दयालु की अपेक्षा क्रूर अधिक है, क्योंकि दुनिया में चारों तरफ क्रूरता का राज्य है...।

'तुम्हारी क्षय' का यह अंश देखें :

> ...ईश्वर का विश्वास एक छोटे बच्चे को भोले-भाले विश्वास से बढ़कर कुछ नहीं है। अन्तर इतना ही है कि छोटे बच्चे का शब्दकोश, दृष्टान्त और तर्कशैली सीमित होती है और बड़ों की कुछ विकसित। बस, इसी विशेषता का फर्क हम दोनों में पाते हैं। एक बार, तीन छोटे-छोटे बच्चों ने मुझसे ईश्वर के सम्बन्ध में बातचीत की। उनकी उम्र सात और दस-बारह के बीच की थी। पूछा कि ईश्वर कहाँ रहता है ? उत्तर मिला—आकाश में। 'धरती में' कहने से प्रत्यक्ष दिखलाने की जरूरत पड़ती, क्योंकि धरती प्रत्यक्ष की सीमा के भीतर है।
>
> आकाश अज्ञान की सीमा के अन्तर्गत है इसलिए वहाँ उसका अस्तित्व अधिक सुरक्षित है। ईश्वर के रंग-रूप के बारे में लड़कों का एक मत था। कोई उसे अपनी शक्ल का बतलाते थे और कोई विचित्र शक्ल का। ईश्वर क्या करता है ? यह सबसे मुख्य प्रश्न था। इसे लड़के भी अनुभव करते थे; क्योंकि जिस वस्तु का आकार प्रत्यक्ष नहीं होता, उसकी सत्ता उसकी क्रिया से सिद्ध हो सकती है। लड़कों ने कहा—वह हमें भोजन देता है। और तुम्हारे बाबूजी ? बाबूजी को ईश्वर देता है।

जिस दिन बाबूजी कचहरी में वकालत करने नहीं जाते, उस दिन क्यों नहीं उनके जेब में रुपए आ जाते? लड़कों को समाज के दुरूह संगठन का उतना पता नहीं होता और जुए के खेल की तरह किस तरह वास्तविक न्याय न करके सौ को हराकर दो को जिताया जाता है; इसका भी उन्हें पता नहीं। इसलिए उन्होंने उस तरह के प्रश्नोत्तर नहीं उठाए। हाँ, उन्हें यह मालूम हो गया कि जहाँ तक खाने-कपड़े, मकान, खेल-तमाशे में खर्च का सवाल है, उसका हल माता-पिता और अभिभावकों द्वारा ही होता है। वहाँ ईश्वर की सहायता संदिग्ध-सी जान पड़ती है। लेकिन, जब उससे पूछा गया—तुम्हें सिरदर्द कौन देता है—माँ-बाप या सगे-सम्बन्धी? तो वे विह्वल हो जाते हैं—अम्मा और बाबूजी क्यों ऐसा चाहेंगे? वहाँ ईश्वर का हाथ होना उन्हें आसानी से स्वीकार कराया जा सका।

और पेट-दर्द ईश्वर देता है।

यक्ष्मा से घुला-घुलाकर तुम्हारे पड़ोसी को किसने मारा?—ईश्वर ने।

सात दिन के बच्चे की माँ को मारकर कौन उसे अनाथ करता है?—ईश्वर।

माँ के इकलौते बच्चे को मारकर कौन उसे ऐसा विलाप करने को मजबूर करता है जिसे सुनकर पशु-पक्षी और पत्थर तक का हृदय पिघल जाता है?—ईश्वर।

चैत-बैशाख के दिनों में एक-एक आम के ऊपर दस-दस करोड़ कीड़ों को सिर्फ धूप और हवा में मरने का मजा चखने के लिए कौन पैदा करता है? कौन बरसात के दिनों में धरती पर असंख्य मच्छरों, कीड़ों-मकोड़ों को तड़प-तड़पकर मरने के लिए पैदा करके अपनी असीम दया का परिचय देता है?—ईश्वर।

तब तो उसमें दया बिलकुल नहीं। उतनी भी दया नहीं, जितनी कि क्रूर से क्रूर आदमी में सम्भव हो सकती है। रोते-तड़पते बच्चे को देखकर पत्थर का दिल भी पिघल जाता है। तुम भी

अमुक की माँ को उस दिन नन्हे बच्चे के मरने पर रोती देखकर अफसोस करते थे कि नहीं?

मैं भी रो रहा था। कैसा सुन्दर लड़का, उसका गोल-मटोल चेहरा, बड़ी-बड़ी आँखें और बिना दन्तुली के मुँह के हँसते वक्त गालों में पड़े गड्ढे अब भी बड़े सुन्दर याद आते हैं।

ऐसे बच्चे को मारनेवाला कौन—आदमी या राक्षस? — राक्षस से भी खराब।

'मानव समाज' में राहुल ने लिखा है :

...लड़का माँ के पेट से ईश्वर का खयाल लेकर नहीं निकलता। भूत-प्रेत तथा दूसरे संस्कारों की तरह ईश्वर का खयाल भी लड़के को माँ-बाप तथा आसपास के सामाजिक वातावरण से मिलता है।

अज्ञान का दूसरा नाम ही ईश्वर है। हम अपने अज्ञान को साफ स्वीकार करने में शरमाते हैं, अतः उसके लिए सम्भ्रान्त नाम ईश्वर ढूँढ़ निकाला गया है। ईश्वर-विश्वास का दूसरा कारण मनुष्य की असमर्थता और बेबसी है।

आए-दिन हर तरह की विपत्तियों, प्राकृतिक दुर्घटनाओं, शारीरिक और मानसिक बीमारियों की असह्य वेदना सहते-सहते जब मनुष्य बचने का कोई रास्ता नहीं देखता, तब यह कहकर सन्तोष करना चाहता है कि ईश्वर की ही मर्जी है; वह जो कुछ करता है, अच्छा करता है; वह हमारी परीक्षा ले रहा है, भविष्य के सुख को और भी मधुर बनाने के लिए उसने यह प्रबन्ध किया है। अज्ञान और असमर्थता के अतिरिक्त यदि कोई और भी आधार ईश्वर-विश्वास के लिए है, तो वह है—धनिकों और धूर्तों की अपनी स्वार्थ-रक्षा का प्रयास। समाज में होते हजारों अत्याचारों और अन्यायों को वैध साबित करने के लिए उन्होंने ईश्वर का बहाना निकाला है। धर्म की धोखाधड़ी को लाने और उसे न्यायपूर्ण साबित करने के लिए ईश्वर का खयाल बहुत सहायक है।...

वस्तुतः राहुल के लेखन का उद्देश्य ही था एक शिक्षित,

वैज्ञानिक समताधारित और न्यायपूर्ण समाज की स्थापना में योगदान करना। इसलिए उन्होंने मनुष्य के विवेक को जाग्रत करने और उस पर पड़ी अन्ध-आस्था और अविवेक की धूल को हटाने का पुरजोर प्रयास किया।

उनका मानना था कि 'ईश्वर' जब तक लोगों के जेहन में बैठा रहेगा, तब तक उन्हें जहालत से छुट्टी नहीं मिलेगी। इसलिए उन्होंने इस पर जोर दिया कि...

...लोगों में इस खयाल को जोर से प्रचार करना चाहिए कि मजहब और खुदा गरीबों के सबसे बड़े दुश्मन हैं। वे मरने के बाद स्वर्ग का लालच देकर इस जीवन को नरक बनाते हैं।

# मैं मुसलमान हूँ

— आपकी तारीफ?

— जी, मेरा नाम गीतेश शर्मा है।

— आप हिन्दू हैं?

— जी। आपकी तारीफ?

— मोहम्मद अमीन।

— तो आप मुसलमान हैं?

— जी।

— अच्छा, यह बताएँ कि हिन्दू और मुसलमान में फ़र्क़ क्या है?

— आप भी अजीब सवाल करते हैं। पूछते हैं—क्या फ़र्क़ है? अजी जनाब, फ़र्क़ ही फ़र्क़ है, एक हो तो बताऊँ।

— मसलन?

— मसलन हम अल्लाह के बन्दे हैं। हमारे आख़िरी पैगम्बर हैं हज़रत मोहम्मद। आख़िरी किताब है कुरान-ए-पाक जिसका हर लफ़्ज़ अल्लाह ने नाज़िल किया है। हम पाँच वक्त नमाज़ पढ़ते हैं, रोजा रखते हैं, हज करते हैं, वगैरह-वगैरह।

— और कोई फ़र्क़?

— मैंने कहा न, तफसील में जाऊँगा तो पूरा पोथा तैयार हो जाएगा। हम बुतपरस्त नहीं हैं। आप गाय को माँ कहते हैं, उसकी इबादत करते हैं और हम गोकशी कर सवाब हासिल करते हैं।

— कोई बुनियादी फ़र्क़?

— कमाल है! क्या ये सारे फ़र्क़ आपको बुनियादी नज़र नहीं आते?

— मेरा मतलब है, आप अल्लाह के बन्दे हैं, तो यक़ीनन अल्लाह ने आपको कुछ अलग ढंग से बनाया होगा।

— अलग बनाया है, तभी तो वे फ़र्क़ हैं जो मैंने अभी-अभी आपको बताए।

— मेरा मतबल जिस्मानी फ़र्क़ से है। मैं देखता हूँ कि आपके दो पैर हैं, जिनसे आप चलते हैं; दो हाथ हैं, जिनसे आप काम करते हैं। आपकी आँखें हैं, कान हैं, नाक हैं। ये सब तो मुझमें भी हैं तो फिर फ़र्क़ क्या हुआ? अच्छा, यह बताइए कि आप पैदा कैसे हुए?

— आप तो कुतर्क कर रहे हैं। हम अल्लाह की नियामत से पैदा हुए हैं।

— बिना माँ-बाप की सोहबत के?

— आप तो झगड़े पर उतारू हैं। भला यह भी कोई सवाल हुआ!

— यानी आप भी हमारी ही तरह माँ के पेट से पैदा हुए हैं। अच्छा, यह बताएँ कि आपके लहू का रंग क्या है? हरा?

— आप तो बदतमीजी पर उतर आए। लहू का रंग भी कहीं हरा होता है? लाल है, लाल।

— पर लाल तो हर इनसान के लहू का रंग होता है। मैंने आपसे बुनियादी फ़र्क़ की बात पूछी थी। आपने जो फ़र्क़ गिनाए, वे तो सतही हैं। पैदा होने के बाद पैदा किए गए। दरअसल, इनसान-इनसान में कोई बुनियादी फ़र्क़ है ही नहीं, सिवाय नस्ल और रंग के। अगर अल्लाह या भगवान चाहता तो वह अपने बन्दे को एक खास शक्ल, एक खास रंग देकर, एक खास तरीके से पैदा करता। यह अल्लाह या भगवान नहीं, कुदरत है जिसने हर इनसान को यकसाँ पैदा किया और सरहदों में नहीं बाँटा।

— बेहतर हो कि आप अपनी ज़बान पर लगाम दें। ऐसी नौबत न आए कि मैं कुछ कर बैठूँ। अमन में खलल न डालें।

— ज़बान पर लगाम देना क्या अमन में खलल डालना नहीं है? मेरा अक़ीदा है कि कायनात और इसमें रहनेवाला हर इनसान मिलजुलकर रहे एक बिरादरी की तरह, रोटी-बेटी का रिश्ता कायम करते हुए, एक-दूसरे से मोहब्बत करते हुए, न कि इनसान को मुख्तलिफ खानों में बाँटते हुए।

— आप जो कुछ कह रहे हैं, कुफ्र है। कहने के साथ-साथ सुनना भी कुफ्र है। आप मुझे गुमराह करना चाहते हैं जो कि मैं नहीं होनेवाला। बात बिगड़े, उससे पहले ही मैं यहाँ से रुखसत हो रहा हूँ। आप अपने अक़ीदे पर कायम रहें और दोजख में जाएँ।

# नास्तिक होने का गर्व

मैं एक अत्यन्त रूढ़िवादी और धार्मिक परिवार में पैदा हुआ। चूँकि मैं 1932 में जन्माष्टमी की रात ठीक बारह बजे पैदा हुआ था इसलिए मेरा नाम दादी ने कन्हैया रखा। बाद में मैंने उसे बदलकर अपना नाम गीतेश रख लिया।

मेरी मान्यता है कि कृष्ण एक मिथकीय चरित्र हैं। पर मथुरा, वृन्दावन से जुड़ी उनकी रोमांटिक मिथकीय छवि मुझे रोमांचित ही नहीं करती, बल्कि उससे बहुत कुछ जीवन में मैंने ग्रहण भी किया है। कृष्ण आज भी मेरे चहेते हैं।

दो-ढाई साल की उम्र में मेरी माँ अपने भाई, मेरे मामा से मिलने गई। उनके 16 वर्षीय एकमात्र पुत्र की मृत्यु हो गई थी। मामा ने माँ से कहा—इसे यहाँ रख जाओ, मेरा पोष्यपुत्र होगा। मामा अमीर थे, माँ बहुत गरीब। फिर मामा का पूरे परिवार पर जबर्दस्त रौब था। माँ 'ना' नहीं कर पाई। अढ़ाई वर्ष की उम्र से मैं मामा के संरक्षण में आ गया। दो-तीन साल बहुत लाड़-प्यार में पला। इसी बीच मामा की इकलौती बेटी के बेटा हो गया तो मामा का सारा लाड़-प्यार अपने नाती पर केन्द्रित हो गया। मैं उपेक्षित हो गया।

मामा पेशागत पुरोहिताई करते थे तथा वैद्य थे। दोनों धन्धे ठीक-ठाक चलते थे। उनकी इच्छा थी कि मैं वंश-परम्परा का निर्वाह करूँ। लिहाजा पढ़ाई छुड़वाकर पुरोहिताई पर लगा दिया।

पारिवारिक मन्दिर में सुबह-शाम पूजा-आरती करना, दीपावली में जजमानों के नए खाते के अवसर पर गणेश-लक्ष्मी की पूजा करना, घरों में सत्यनारायण की कथा बाँचना, जजमान के परिवार में किसी की मृत्यु हो जाने पर गरुड़-पुराण बाँचना आदि मेरे कार्य थे। हालाँकि यह सब मुझे अच्छा नहीं लगता था, पर मामा के सामने कुछ बोलने की हिम्मत मुझमें नहीं थी। हाँ, मैं धर्मभीरु था। ईश्वर, देवी-देवताओं में मेरा अटल विश्वास था। नियमित रूप से दुर्गा सप्तशती, हनुमान चालीसा का पाठ करता था। पर सत्यनारायण की कथा

बाँचते-बाँचते, गरुड़-पुराण पढ़ते-पढ़ते एक विरक्ति का भाव-सा जागृत होने लगा। मुझे लगा कि सत्यनारायण की कथा में तो वह मूल कथा ही नहीं है जिसको पढ़ने, बाँचने या सुनने से पुण्य अर्जित होता है और मनोकामना पूरी होती है।

इसी प्रकार मुझे गरुड़-पुराण के पाठ का लक्ष्य विशुद्ध रूप से जजमानों में भय पैदा कर ज्यादा से ज्यादा भौतिक लाभ अर्जित करना मात्र लगा। चाँदी-सोना, कपड़े-लत्ते से लेकर सुस्वादु भोजन व दक्षिणा दो तो मृतक सीधे स्वर्ग जाएगा वर्ना उसकी आत्मा योनि-योनि भटकती रहेगी और अन्तत: नर्क में जा गिरेगी—इस सन्देश का और कुछ निहितार्थ नहीं हो सकता था।

हमारे गाँव में बिजली नहीं थी, नाम के लिए सड़क थी, पर एक पुस्तकालय था—अग्रवाल युवक पुस्तकालय। फुर्सत के वक्त वहाँ जाकर पुस्तकें पढ़ता, सदस्य की हैसियत से घर लाकर भी पढ़ता। पढ़ने का नशा-सा हो गया था। भगत सिंह का लम्बा लेख 'मैं नास्तिक क्यों हूँ', राहुल सांकृत्यायन का 'भागो नहीं, दुनिया को बदलो', 'तुम्हारे धर्म की क्षय हो', यशपाल की पुस्तकें, 'गांधीवाद की शव-परीक्षा', 'चक्कर क्लब' आदि पढ़ ही नहीं गया, पी गया। इसके साथ ही कम्युनिस्टों की 'बुरी' संगत में भी आ गया।

यहाँ यह बता दूँ कि उस वक्त के कम्युनिस्ट और आज के कम्युनिस्ट में जमीन-आसमान का फ़र्क़ है। सच तो यह है कि आज के कम्युनिस्ट केवल लफ्फाजी में कम्युनिस्ट हैं और जीवन-शैली में पक्के सामन्ती बुर्जुआ हैं।

लेकिन उस वक्त के कम्युनिस्टों में क्रान्ति का जज़्बा था, उनकी जुझारू जीवन-शैली की वजह से समाज में अलग पहचान थी। वे जनता के हित के लिए लड़ने-मरने को हरदम तैयार रहते थे, दलितों-मुसलमानों के घर खान-पान में उन्हें रत्ती भर भी परहेज नहीं रहता था। इसके लिए वे समाज-परिवार से बहिष्कृत से थे, पर आदर की दृष्टि से देखे जाते थे।

उनके बीच मार्क्सवादी साहित्य पढ़ना अनिवार्य था। नियमित रूप से पढ़ने-लिखने को लेकर; समाज, देश की परिस्थितियों को लेकर बहस-मुबाहसा होता। मैं भी उनमें शामिल हो गया।

अजीब द्वन्द्व की स्थिति थी।

पूजा-पाठ भी चलता रहा। मामा परेशान कि किस कपूत को पोष्य-पुत्र बना लिया। रोज डाँट-डपट होती। कभी-कभी थप्पड़ों से स्वागत किया

जाता। मेरी जन्मदात्री माँ और अपनी बहन का नाम लेकर मामा कहते—उसके पैदा किए सपूत कहाँ से होंगे।

मेरी मेमेरी बहन के एक के बाद एक कई सन्तानें हुईं। मामा का सारा लाड़-दुलार अपने नाती-नातिनों के लिए सुरक्षित हो चुका था और मेरे लिए सिर्फ अवहेलना और डाँट-फटकार बची थी। माँ बिचारी सीधी-सादी अँगूठा छाप थी। आए दिन गाली-गलौज व पिटने के बावजूद पति में परमेश्वर का रूप देखती और नर्क में जाने के भय से जी-जान से उनकी सेवा करती। पर मुझसे भी लाड़-प्यार करती। हाँ, सबसे ज्यादा मेरी बुआ मुझे चाहती थी। रूठने पर माँ मनाते-मनाते थक जाती तो हार मान लेती। पर बुआ, क्या मजाल जो मनाए बगैर और मुझे खिलाए बगैर मुँह में एक दाना भी डाले! वह पहले मुझे मनाती थी। मेरी जिद उसके सामने हार जाती।

इसी बीच एक ऐसी घटना घटी जिसने मेरी आँखें खोल दीं और अन्ततः भाग्य-भगवान से मुझे पूरी तरह मुक्त कर दिया।

मेरा एक अभिन्न मित्र था, जिसकी गंजी की दुकान थी। एक दिन हम बैठे गप्पें लगा रहे थे कि एक ग्राहक आया और उसने बारह आने में गंजी खरीदी। वह चला गया तो मित्र ने देखा कि अठन्नी नहीं मिल रही। उसने मुझसे पूछा—तुमने ली है क्या? मैं अपमान की अग्नि में झुलसता घर आया। उस रात खाना भी नहीं खाया गया।

मैंने तय किया कि रात-भर हनुमान चालीसा का पाठ करूँगा तथा दूसरे दिन दुकान खुलते ही उसके पास जाऊँगा। हनुमान जी जरूर मेरा उद्धार करेंगे तथा उसकी अठन्नी दुकान में कहीं गिरी मिल जाएगी। रात भर हनुमानजी की शरण में रहा। पूरे मन से, पूरे (अन्ध) विश्वास के साथ।

दूसरे दिन दुकान खुलते ही पहुँचा। मित्र को पूरा विश्वास के साथ कहा—ठीक से देख लो, अठन्नी यहीं कहीं है। मित्र ने वही किया। एक-एक कोना देखा। अठन्नी को न मिलना था, न मिली। मैं हत्प्रभ। यह क्या? हनुमान अपने भक्त की लाज नहीं बचा सके।

वह पहला और आखिरी दिन था, मैंने भाग्य, भगवान और परिवार को तिलांजलि दी और सम्पत्ति का मोह त्यागकर मात्र पाँच सौ रुपए लेकर 1950 में कलकत्ता चला आया। तब से यही मेरी कर्मस्थली रही है।

मैं बचपन से सपने देखता था। घर में, बाहर अवहेलना मिलती रही।

मामा कहते—कुलंगार है, भीख माँगेगा। गाँव में ब्राह्मण की इज्जत तो होती थी, पर उसे माँगने-खानेवाला कहा जाता था। मैं जब किसी से सपने की बात करता तो वह मजाक उड़ाता। हुँह, लेखक बनेगा! देश-विदेश की सैर करेगा! शेखचिल्ली के सपने देखना बन्द करो वर्ना पछताओगे। पर मैं सपने देखता रहा। लेखक बना, देश-विदेश की सैर भी की और राष्ट्रीय-अन्तरराष्ट्रीय गोष्ठियों में शिरकत भी।

हाँ, एक सपना अधूरा रह गया। सड़ी-गली व्यवस्था में आमूल परिवर्तन के लिए क्रान्तिकारी बनना चाहता था, वह अपनी कमजोरियों से न कर पाया, न कर पाऊँगा, जबकि मेरी यह दृढ़ मान्यता है कि इस जनविरोधी सड़ी-गली व्यवस्था को एक सुविचारित आदर्श-सिद्धान्त के तहत क्रान्ति के बिना बदलना कतई सम्भव नहीं है। वह मैं नहीं कर पाया।

मैं न तो छद्म धर्मनिरपेक्षतावादी हूँ, न छद्म नास्तिक। यहाँ मैंने इन मुद्दों पर अपने-आपको जरा भी डिगने नहीं दिया। अस्तित्व बनाए रखने के लिए 'दैनिक विश्वमित्र' में चालीस रुपए माहवार पर काम करने से लेकर न जाने कितने पापड़ बेलने पड़े।

जहाँ तक लेखन का प्रश्न है, मैं लिखने के लिए नहीं लिखता। न कभी लिखा। आज तक जो कुछ भी लिखा, हिन्दी की परम्परावादी लीक से हटकर लिखा। मुझे प्रेरणा मिली—भगत सिंह, राहुल, यशपाल और बाबा नागार्जुन जैसे रचनाकारों से और अपने अनुभवों से। जीवन में अब तक हिन्दी, अंग्रेजी में लिखी दर्जनों नहीं, सैकड़ों पुस्तकें पढ़ीं। इनमें वेद, पुराण, गीता, बाइबल, कुरान भी शामिल हैं। बौद्ध व चार्वाक के भौतिकवादी, अनीश्वरवादी दर्शन पर जो कुछ भी सामग्री उपलब्ध हुई, पढ़ी।

18 वर्ष की उम्र से शुरू यायावरी का सिलसिला अभी तक जारी है। उत्तर से दक्षिण तथा पूर्व से पश्चिम भारत की यात्रा के अलावा एशिया, यूरोप, अमरीका महादेश के लगभग 30 देशों की यात्रा की। ज्यादातर यात्राएँ एक मुफलिस मवाली की तरह ही थीं, मगर कभी-कभी आमंत्रित वीआईपी की हैसियत से जाने का अवसर भी मिला। यात्राएँ पर्यटन-स्थलों की सैर के लिए नहीं, बल्कि जनगण से रिश्ता बनाने की दृष्टि से, उनसे आन्तरिक रिश्ता बनाने के लिए कीं। कितना कुछ सीखा, उसका लेखा-जोखा देना सम्भव नहीं, पर यह जरूर है कि मैंने चीजों को बहुत करीब से, गहरे पैठकर देखा।

मैंने पाया कि सही संवाद हो, आन्तरिकता हो तो काले–गोरे सभी भावनात्मक स्तर पर एक हैं। स्नेह, प्यार के भूखे हैं।

मेरे वृहत्तर परिवार के सदस्यों में विभिन्न राष्ट्रीयताओं, धर्मों, मानवतावादियों और जातियों के लोग शामिल हैं। हाँ, लेखन का जिक्र आया है तो कह दूँ कि मैंने बिना कोई समझौता किए पूरी निष्ठा व प्रतिबद्धता से लेखन किया। तभी तो 'धर्म के नाम पर' जैसी पुस्तक लिख पाया। मैं आभारी हूँ राजकमल प्रकाशन का जिसकी वजह से यह पुस्तक दुनिया भर में हजारों पाठकों तक पहुँच पाई। अभी–अभी अगस्त, 2013 में इसका पाँचवाँ संस्करण छपा है। पाठकों ने इसे हाथों–हाथ लिया जबकि हिन्दी के स्वनामधन्य समीक्षकों ने इसकी उपेक्षा की। इनमें कमलेश्वर, भीष्म साहनी, शिवमंगल सिंह सुमन आदि अपवाद हैं।

इसके अलावा जो पुस्तकें लिखीं, उनमें 'साम्प्रदायिकता एवं साम्प्रदायिक दंगे', 'पंजाब सुलगता सवाल', 'विद्रोही कवि नज़रुल इस्लाम', 'विकृत (अमरीकी) समाज', 'धर्मनिरपेक्षता के मायने', 'अभिव्यक्ति की स्वतंत्रता व धर्म' आदि उल्लेखनीय हैं।

धर्म को लेकर मेरी यह धारणा रही है कि मानव–जाति के हित के लिए धर्म को हाशिए पर डालना होगा। ईश्वर और धर्म यथास्थिति के प्रबल पक्षधर हैं। जाहिर है, मनुष्य जिस विकास–यात्रा से गुज़रते हुए आज जहाँ पहुँचा है, वह सम्भव ही नहीं होता यदि उपर्युक्त धारणा को चुनौती देते हुए स्वतंत्र दृष्टि से नई धारणा, नए विचार, नया दर्शन, नए आदर्श व सिद्धान्त न गढ़े गए होते। बुद्ध से लेकर मार्क्स तक और उसके बाद भी चुनौतियों का सिलसिला जारी है तथा कई कमियों–खामियों के बावजूद प्रगति और विकास की जिस मंज़िल तक मनुष्य पहुँचा है, उसका श्रेय उन चिन्तकों, वैज्ञानिकों, नवजागरण के पुरोधाओं को है जो यथास्थितियों तथा ईश्वर व धर्म की अवधारणा को चुनौती देते रहे हैं। धर्म की कसौटी के अनुसार इन सारे लोगों ने 'ब्लासफेमी' (ईश–निन्दा) की है और ये दंड के अधिकारी हैं।

बुद्ध ने कहा—ईश्वर नाम की कोई वस्तु नहीं है। साथ ही यह भी कहा कि किसी की कही या लिखी बात पर तब तक विश्वास न करो जब तक उसे अपने विवेक की कसौटी पर खरा न पाओ। उन्होंने कहा—अप्प दीपो भव यानी अपने मार्गदर्शक स्वयं बनो।

चार्वाक ने कहा—देहस्यभस्मीभूतस्य पुनर्जन्म कुतः यानी भस्मीभूत इस देह का कोई पुनर्जन्म नहीं।

वैदिक काल से ही भारत में अनीश्वरवादी नास्तिक धारा भी प्रवाहित होती रही है, जिसके अन्तर्गत धर्म व ईश्वर की अवधारणा को नकारते हुए उसकी कटुतर आलोचना भी की जाती रही है। साथ-ही-साथ अगले-पिछले जन्म व स्वर्ग-नर्क की अवधारणा को भी नकारा जाता रहा है।

तमाम धर्मों में असंगत और अवैज्ञानिक अवधारणाएँ, मान्यताएँ मौजूद रही हैं। खगोलशास्त्री गैलीलियो का मानना था कि सूर्य स्थिर है, धरती उसकी परिक्रमा करती है, जबकि उससे पूर्व धार्मिक मान्यता इसके विपरीत थी। एक धर्म की मान्यता के अनुसार तो शायर और शायरी तक को भी बुरा बताया गया है। इस तरह के अनेक प्रसंग मिल सकते हैं।

आज जो भी वैज्ञानिक उपलब्धियाँ मनुष्य को हासिल हुई हैं—शिक्षा, चिकित्सा, सुख-सुविधा आदि के क्षेत्र में, वे क्या हासिल हुई होतीं यदि मनुष्य केवल धर्म में लिप्त जीवन-यापन करता? साहित्य की विभिन्न विधाओं—कहानी, उपन्यास, कविता का विकास सम्भव हुआ होता? खोजी पत्रकारिता कहाँ होती?

सच तो यह है कि हर विकास और आविष्कार के पीछे मानव-मन की शंकाएँ और प्रश्न ही हैं तथा उनका जो कुछ भी उत्तर खोजा जा सका है, वह क्या धार्मिक अवधारणाओं पर आघात किए बिना सम्भव होता? समता व न्याय पर आधारित समाज की संरचना के सिद्धान्त का प्रतिपादन भी तभी सम्भव हुआ जब भाग्य व भगवान पर निर्भर अलौकिक, चमत्कारिक, पुरोहितवाद, राजतंत्र, सामन्तवाद आदि को नकारा गया।

ईश्वरवादी चाहे जितना भी दावा करें कि सृष्टि की हर समस्या का विज्ञान-सम्मत समाधान उनकी धार्मिक पुस्तकों—वेद, कुरान, बाइबल इत्यादि में मौजूद हैं परन्तु सैकड़ों-हजारों वर्षों के शोध से वैज्ञानिकों व चिन्तकों ने जो तथ्य प्रस्तुत किए हैं, उनसे यह दावा कहीं मेल नहीं खाता। डार्विन की खोज यह कहती है कि मानव-जाति को पूर्ण रूप से शारीरिक व मानसिक रूप से विकसित होने में लाखों वर्ष लगे और यह प्रक्रिया अभी भी जारी है जबकि धार्मिक पुस्तकों के अनुसार, ईश्वर ने बस 'चाहा' और क्षणमात्र में सृष्टि का सृजन हो गया।

एक धार्मिक पुस्तक के अनुसार ईश्वर सातवें आसमान पर रहता है और वहीं से सृष्टि का संचालन करता है। एक अन्य धार्मिक पुस्तक कहती है कि ईश्वर कण-कण में व्याप्त है। मजे की बात यह है कि सभी धर्मों के लोग अपने-अपने धार्मिक स्थलों को भगवान का घर बताते हैं और इसकी पवित्रता पर कोई प्रश्न उठाए या आँच लाए तो गला काटने को तत्पर हो उठते हैं।

अतार्किक-अवैज्ञानिक चमत्कारों से सारे धार्मिक ग्रन्थ अँटे पड़े हैं। कहीं पैर रख दिया तो रेगिस्तान अथवा पत्थरों से जलधारा फूट पड़ी। एक लाठी की चोट से समुद्र दो फाड़ हो गया। बिना पुरुष-संसर्ग के कुँवारी माँ बन गई। किसी के पीसने को पीकर मछली ने मानव सन्तान को जन्म दिया। अपने परम प्रिय पुत्र की कुर्बानी देने के लिए उसकी गरदन पर छुरी चलाई तो पुत्र के स्थान पर एक पशु कुर्बान हो गया। नाम लिखने मात्र से पत्थर पानी पर तैरने लगे। ईश्वर का एक दूत सातवें आसमान पर ईश्वर से मिलकर धरती पर लौट आया, ऐसी एक नहीं, सैकड़ों-हजारों चमत्कारिक घटनाएँ धार्मिक ग्रन्थों में भरी पड़ी हैं। मजे की बात यह है कि 21वीं सदी में भी आधुनिक कहलानेवाले ईश्वरवादी न केवल इन घटनाओं पर विश्वास करते हैं बल्कि उन घटनाओं की याद में हर साल उत्सव मनाए जाते हैं जिन पर अरबों-खरबों रुपए फूँक दिये जाते हैं। यही रकम अगर जरूरतमन्द पीड़ित लोगों पर खर्च हो तो समाज का भला हो।

धर्म मनुष्य के स्वतंत्र चिन्तन पर प्रतिबन्ध लगाता है, उस पर आघात करता है, उसके दिल-दिमाग के दरवाजे व खिड़कियों को बन्द रखता है ताकि बाहर की ताज़ा हवा उसमें प्रवेश न कर सके। ऐसा समुदाय मानव-जाति के लिए खतरे का कारण तो है ही, स्वयं के लिए भी है। धर्म से धार्मिक कट्टरवाद उपजता है, जो अपने अनुयायी को बर्बरता की हद तक ले जाता है।

व्यक्ति क्या सोचे, क्या लिखे, क्या खाए, क्या पहने आदि व्यक्ति स्वयं तय करे या धर्म, यह मनुष्य जाति के बुनियादी अधिकारों से जुड़ा बुनियादी प्रश्न है। इस प्रश्न का जब तक मनुष्य के पक्ष में उत्तर नहीं आएगा, दुनिया में टकराव या यों कहें कि खूनी टकराव बना रहेगा।

कभी पश्चिम में धर्म की जड़ें बहुत गहरी थीं। पर नवजागरण (रेनेसाँ) से जुड़े बुद्धिजीवियों ने सबसे पहले उस पर आघात किया और विवेकपरक वैज्ञानिक सोच तथा समतामूलक समाज का विकल्प दिया। सामन्ती सोच की

संरचना पर आधारित समाज पर आघात किया। आज पश्चिम का धर्मनिरपेक्ष, सभ्य समाज उसी का प्रतिफल है। कल्याणकारी समाज व्यवस्था ने भाग्य-भगवान पर आश्रित मनुष्य को लगभग मुक्त कर स्वतंत्र चिन्तन दिया है।

विगत पाँच सौ वर्षों में पश्चिम में हुए वैज्ञानिक आविष्कारों का ही नतीजा है कि यक्ष्मा, चेचक, पोलियो, प्लेग आदि जैसे असाध्य रोगों से सफलतापर्वक निपटने की चिकित्सा-पद्धति उपलब्ध हुई।

बिजली, टेलीफोन, रेल, हवाई जहाज आदि न जाने कितने आविष्कार पश्चिम के वैज्ञानिकों के अथक प्रयासों का परिणाम हैं।

दुनिया में पचास के करीब धार्मिक देश हैं। परन्तु क्या किसी ने कोई मानव कल्याणकारी वैज्ञानिक आविष्कार किया? भले ही वे दावा करते रहें कि वेद, कुरान, बाइबल में विज्ञान भरा पड़ा है। यदि ऐसा है तो किसी धार्मिक पुस्तक में भरे पड़े विज्ञान से किसी ने कोई ऐसा वैज्ञानिक आविष्कार क्यों नहीं किया जिससे मानव-जाति को लाभ होता?

फिर क्यों न धर्म व ईश्वर को हाशिए पर रखकर हम भी ऐसे समाज की स्थापना के प्रयास में जुट जाएँ जिसमें प्रत्येक मनुष्य को मर्यादित जीवन जीने का न्यूनतम हक हो!

इसके लिए आवश्यक है कि तर्क, विवेक तथा वैज्ञानिक चेतावनी, समतामूलक समाज की स्थापना को प्राथमिकता दी जाए।

धर्म का आधार है आस्था या यूँ कहें, अन्ध-आस्था। वहाँ तर्क, विवेक की कोई गुंजाइश नहीं। अभिव्यक्ति की स्वतंत्रता को ईश-निन्दा माना जाता है और ईश-निन्दा का दंड है—सज़ा-ए-मौत। जाहिर है, धर्म को हाशिए पर रखे बिना विवेकपरक चिन्तन की कोई गुंजाइश नहीं।

विश्व-मानवता के लिए एक और खतरा साम्राज्यवाद रहा है, परन्तु धर्म की सत्ता को बरकरार रखते हुए साम्राज्यवाद से निर्णायक युद्ध क्या सम्भव है? देखा तो यह जा रहा है कि साम्राज्यवादी ताकतें धर्म का एक हथियार के रूप में प्रयोग कर रही हैं, न केवल एक धर्मावलम्बी को दूसरे धर्मावलम्बी के विरुद्ध लड़ाकर बल्कि एक ही धर्म के विभिन्न समुदायों, उपसमुदायों का आपस में टकराव कराकर और इस प्रकार अपना हित साधन करती रही हैं। जाहिर है, साम्राज्यवाद का मुकाबला धर्म नहीं, जनतांत्रिक, धर्मनिरपेक्ष, समता-न्याय के पक्षधर ही कर सकते हैं।

विषमता, शोषण, अन्याय पर आधारित जन्मगत वर्णव्यवस्था, सामन्तवाद व साम्राज्यवाद से कहीं ज्यादा अमानवीय है, जो धर्म की देन है। धर्म पर आघात किए बगैर क्या इनसे लड़ा जा सकता है ? उपरोक्त विचारों में मेरा पूरा विश्वास है।

मेरी यह दृढ़ मान्यता मेरे 65-70 वर्षों के विशाल अनुभवों पर आधारित है कि क्रान्ति की राह में न्यायसंगत समतामूलक समाज के गठन में धर्म और ईश्वर सबसे बड़े अवरोधक हैं। इनको तिलांजलि दिये बगैर क्रान्ति सम्भव नहीं—चाहे वह सशस्त्र हो या अहिंसक।

भारतीय चिन्तन परम्परा में उल्लिखित लोकायत के कुछ बुनियादी सिद्धान्तों को उद्धृत करते हुए अपनी बात समाप्त करना चाहूँगा। लोकायत का यह सिद्धान्त बार-बार उद्धृत किया जाता है कि लौकिक सुखों का अबाध आस्वादन करने के लिए दूसरों से धन उधार लेना भी बुरा नहीं है। इस तरह हमें इस स्थिति में पहुँचा दिया गया है कि लोकायत के बारे में सच्चाई की खोज के लिए हमें उस पर उछाले गए कीचड़ के दलदल में डूबना पड़ता है। तो भी, सब कुछ खोया नहीं है। लोकायत के कुछ बुनियादी सिद्धान्तों को हाल के कुछ विद्वानों ने पुनः निर्मित किया है ताकि हम दर्शन की इस प्राचीन प्रणाली के आम सिद्धान्तों को समझ सकें। महान आदर्शवादी माधवाचार्य ने अपने सर्वसिद्धान्त संग्रह में चार्वाक-प्रणाली का संक्षिप्त सार इस प्रकार प्रस्तुत किया है :

1. लोकायत सिद्धान्त के अनुसार चार तत्त्व ही चरम सिद्धान्त हैं—पृथ्वी, जल, अग्नि और वायु; अन्य कोई तत्त्व नहीं है।
2. केवल उसका ही अस्तित्व है जो प्रत्यक्ष है; जो प्रत्यक्ष नहीं है, उसका अस्तित्व नहीं है, कारण कि उसका कभी प्रत्यक्षण नहीं हुआ। अदृश्य में विकास करनेवाले भी यह कभी नहीं कहते कि अदृश्य गोचर हुआ है।
3. यदि जो कभी-कभी प्रत्यक्ष हुआ है, वह अदृश्य मान लिया जाए, तो वे इसे अदृश्य कैसे कह सकते हैं ? जो कभी प्रत्यक्ष नहीं हुआ है, जैसे खरगोश के सिर पर सींग जैसी चीजें, उन्हें कैसे अस्तित्वपूर्ण माना जा सकता है ?
4. अन्य लोगों को यहाँ सुख और दुख से गुण और दुर्गुण (के अस्तित्व)

की अभिधारणा नहीं करनी चाहिए। कोई व्यक्ति सुखी अथवा दुखी प्रकृति (के नियमों) के कारण ही होता है; दूसरा कोई कारण नहीं है।

5. मोरों को कौन रंगों से सजाता है अथवा कौन कोयल से गाना गवाता है? प्रकृति के अतिरिक्त कोई दूसरा कारण नहीं है।
6. आत्मा शरीर ही है जो इन गुणों की अभिव्यक्ति से प्रकट है कि 'मैं मोटा हूँ', 'मैं नौजवान हूँ', 'मैं बड़ा हो गया हूँ', 'मैं बूढ़ा हो गया हूँ' इत्यादि। वह इससे (शरीर से) भिन्न और कुछ नहीं है।
7. अचेतन तत्त्वों में (अर्थात पदार्थ से उत्पन्न जीवियों में) चेतना की जो अभिव्यक्ति पाई जाती है, वह उसी रूप में उत्पन्न होती है, जैसे पान, सुपारी और चूने के योग से लाल रंग उत्पन्न हो जाता है।
8. इस संसार के अतिरिक्त कोई दूसरा संसार नहीं है। न तो स्वर्ग है और न नरक है। विश्व, लोक तथा अन्य ऐसे ही लोकों की बातें अन्य विचारों-प्रणालियों के धूर्तों ने गढ़ी हैं।
9. स्वर्ग का उपभोग स्वादिष्ट भोजन करने, तरुण स्त्रियों का सत्संग करने, सुन्दर वस्त्र पहनने, इत्र और मालाओं का उपयोग करने तथा चन्दन आदि लगाने में निहित है।
10. नरक का दुख शत्रुओं, हथियारों और बीमारियों से उत्पन्न कष्टों में निहित है, जबकि मोक्ष मृत्यु है अर्थात् प्राण-वायु का समाप्त होना है।
11. अतः बुद्धिमान लोगों को उसके (मोक्ष के) लिए कष्ट नहीं उठाने चाहिए। मूर्ख ही तप और व्रत आदि से अपने शरीर को शक्तिहीन और निर्बल बनाते हैं।
12. शुचिता तथा ऐसे ही अन्य नियमों को चतुर किन्तु कमजोर लोगों ने बनाया है। सोने और भूमि की दान-दक्षिणा की व्यवस्था तथा भोजनों में निमंत्रण की परिपाटी उन कुछ लोगों ने बनाई है जिनके पेट भूख से चिपके हुए हैं।
13. मन्दिरों, जलपूर्ति-गृहों, कुंडों, कुओं, आरामगाहों तथा ऐसी ही चीजों के निर्माण की प्रशंसा केवल यात्री करते हैं, अन्य लोग नहीं।
14. बृहस्पति का विचार है कि अग्निहोत्र-कर्मकांड, तीन वेद, त्रिदंड,

भस्म-लेपन आदि उन लोगों के जीविका कमाने के साधन हैं जिनके पास बुद्धि और शक्ति का अभाव है।

15. बुद्धिमान लोगों को इस संसार के सुख उचित साधनों; जैसे—कृषि, पशुपालन, व्यापार, राजनीतिक प्रशासन इत्यादि के जरिए प्राप्त करने चाहिए।

चार्वाक दर्शन के अनुसार :

1. धार्मिक साहित्य को झूठा कहकर उसकी उपेक्षा करनी चाहिए।
2. कोई देवी-देवता या अलौकिक शक्ति नहीं है।
3. अमर आत्मा जैसी कोई चीज नहीं है। शरीर की मृत्यु होने पर कुछ शेष नहीं रहता।
4. कर्म प्रवर्तनहीन है, वह एक भ्रम है।
5. सबकी उत्पत्ति भौतिक तत्त्वों (महाभूत) से हुई है।